梅子林

故事

鄉郊文化保育考見記

鄭敏華　周頴欣　任明顥　著

村口百年荔枝樹

導讀

我們只能以無法逃避的城市人的立足點起步，常提醒自己要懷著開放而不斷反省的文化視野去觀察和理解，再用當下熟悉的語言來述說一個城鄉文化、時空交疊的地方故事。

在此我們特別鳴謝梅子林每一位村民，包括曾玉安村長、偉清叔、日有叔、大細強哥、桂英姐、雄哥雄嫂、佩玲、皇友嫂及慶芬嫂等，他們在過去兩年多以來，每次見面（或在電話訊息中）都分享很多自己家鄉的往事，甚至是藥膳知識，豐富了我們對環境，特別是對生活的理解。香港，或全世界這兩三年都受疫情困擾，而我們則有幸能在這看似日常支援物質相對匱乏的世外桃源裡，找到另一種自然的秩序與自由。這裡有看不膩的四時變化，有超乎城市人想像與規範的文化經驗。

我們希望這次地方故事的記錄，能為不同持份者和讀者提供保育課題的一個新視野，在私人業權而富高保育價值的地方，的確需要有超越社會過去多處於兩極的討論。

序一

城鄉共生的理想

鄧文彬
環境保護署鄉郊保育辦公室總監

為保護偏遠鄉郊地區的自然生態、活化村落建築環境，以及保育人文資源和歷史遺產，環境保護署於2018年7月底成立鄉郊保育辦公室（鄉郊辦），並履行行政長官在2017年《施政報告》中的承諾。鄉郊辦會優先處理及深化荔枝窩的鄉郊復育工作，以及推行沙螺洞的生態保育。

成立以來，我們努力與非牟利機構、村民和大眾一起，作出多方嘗試，致力摸索出適合保育香港鄉郊的策略和行動，令鄉郊的生態及人文環境可持續發展。

小型改善工程及鄉郊保育資助計劃是我們兩大重點工作。前者旨在改善偏遠鄉郊地區的基礎設施，便利村民及遊人；後者則透過資助，讓本地非牟利機構和村民互動協作，在偏遠鄉郊地區推展多元及創新的保育活動或計劃。

「慶春約梅子林鄉郊保育及復育之參與式行動研究」是我們較早期資助的其中一個計劃。很高興見到計劃的成果。《梅子林故事——鄉郊文化保育考見記》，研究團隊記錄了梅子林的文化及歷史發展，並且從文化景觀歸納出客家村六大類主要文化元素，以成為系統性解讀鄉郊文化的框架。相信此書可以作為鄉郊保育的有用參考。

走進梅子林，是自然環境，又是客家村落的歷史建築。一草一木，一磚一瓦，當中蘊藏著很多寶貴的生態價值和人文資源。我喜歡欣賞步道兩旁樹木的翠綠，深呼吸一口清新的空氣，聽聽風聲。如此美好的體驗，是我們推動鄉郊保育的動力，就讓大家一起肩負守護鄉郊的使命吧！

序二

令人思考　不可不看

林健枝
香港中文大學地理與資源管理系客座教授
前環境諮詢委員會主席

這是一本我只看了一小段，便很想看完全書的作品。我喜歡它，不單是因為書裡豐富的內容、深入的觀察與精闢的言論，更是因為書中帶出許多令人思考的問題，包括鄉郊自然和文化景觀的涵義、政府與持份者期望的落差，以及鄉郊復興的矛盾與出路。關心這些問題的人，這是一本不可不看的書，我極力推薦。

序三

填補了史料的空白

曾亞七
暖窩有限公司主席

位於新界沙頭角山中，建村超過三個世紀的梅子林客家村，有關的文字記載本已鳳毛麟角，過去數十年更因人去村空，實體盛載該村歷史和文化的村屋亦淪為頹垣敗瓦，而農田則還原為荒野。本書結合了今代村民有趣的回憶和示範、作者仔細的文獻研究和生動的敘述，以及挖掘村中文物的義工汗水，讓讀者穿梭時空，感受上世紀初甚至更早的客家人村居生活、精神文明和物質文化。希望本書不僅盡力填補梅子林史料的空白，更透過分享實踐保育工作的經驗，鼓勵更多朋友和團體為保育和復育新界其他荒廢村落而努力。

序四

感激各團體支持梅子林

曾玉安
梅子林村長

香港是國際都會,城鄉發展差異極大,咫尺之間竟有所謂「山旮旯」的地方,即偏遠鄉村。一直以來,民間對改善偏遠村落基建配套、交通等訴求大聲疾呼,不絕於耳,特區政府最終於2018年從善如流,聽取民間聲音,成立鄉郊保育辦公室。也正因鄉郊保育辦公室的成立,政府增加了撥款,針對偏遠村落需要的項目就應運而生了。

建村於1661年的沙頭角梅子林地處偏遠,過去寂寂無名,近年透過活化復育工作,讓更多人開始認識這細小的客家村落的風土人情,梅子林過去鮮有文字記錄村的文化源流和村民生活習慣等。「慶春約梅子林鄉郊保育及復育之參與式行動研究」是鄉郊保育辦公室基金撥款項目之一,內容涵蓋文化習俗探討,專題展覽和書籍出版等,正正補足過去的不足。

《梅子林故事——鄉郊文化保育考見記》一書編寫完成,思網絡及暖窩功不可沒,思網絡總監在編寫過程中組織了不同的鄉村傳統文化探索活動,包括挖掘過去村民日常生活器物工作,採訪和接觸了不少村民和相關人士,探尋不少鮮為人知的故事,翻查大量資料典籍,殊非易事。

過去幾年,感謝香港大學、香港中文大學和無止橋慈善基金等參與村的活化再用工作,今次思網絡牽頭的「梅子林保育復育行動研究」項目,細緻地記錄過去客家村民的生活習俗,讓人認識客家人精神,在相關傳承和推展上饒具意義!客家小村除了周邊山川亮麗,內涵也得以顯現呢!

前言

考見梅子林之鄉郊保育

鄭敏華
「慶春約梅子林鄉郊保育及復育之參與式行動研究」項目
承辦單位思網絡總監

如果每個地方的發展全盛期都代表歷史上某個時代的文化層，今日在香港規劃藍圖下屬鄉郊地區、被船灣郊野公園包圍的沙頭角半島，可說是屬於明末清初遷界令以後，至1970年代這大概300年華南地區農產經濟的村落文化，期間沙頭角區內的居民自強發展出深圳的東和墟（約於1820年至1830年間建成），開創了地區經濟最繁榮昌盛的一個世紀。區內象徵村運日盛、營商活動漸增的荔枝窩協天宮（供奉關帝），約建於1889年；而荔枝窩接駁對外地區的古道上，至分水坳一處有立於1920年「創修荔枝窩村直達東和墟大路」的石碑，附近有指向梅子林的問路石，由此分岔路向右行是一條行走逾百年卻被遺漏記錄的「梅坳古道」。

沙頭角的梅子林，建於1661年，是區內慶春約七村中最早建立的村落，往後發展雖非最具規模，卻是慶春約的發源地。村內至今仍能找到落擔祖先首建的茅屋遺址、客家建築原始的佈局。村兩旁有河溪供水，溪旁曾有釀酒作業，以及兩排順應山勢的村屋，正好配合香港境內已屬少見的大規模梯田，說明客家人靠山食山的文化根源；村內又有供孩童孩唸「卜卜齋」的私塾遺址、豬牛雞欄、供儲存排泄物作肥料的糞寮、曬穀和堆放禾稈草的禾埕。在這舉步可達的範圍內，一目盡覽階梯式無阻的景物，正是大致完整、原始又完備的客家村的「鄉郊景觀遺產」（Rural Landscape as Heritage）。

隨著中英兩國於19世紀先後簽定《南京條約》、《北京條約》及《展拓香港界址專條》，原來荒涼的香港島地運逆轉，變成城市中心，本來舉足輕重的北面墟鎮，則成為邊陲。香港往後經濟起飛，也為梅子林帶來電力，從此有照明、風扇、收音機，甚至在叢林包圍的鄉村，也有過點點閃燈的膠製聖誕小樹在家作裝飾，是一段鳳毛麟角的現代化生活。鄉村後來受少壯一代外出謀生的經濟拉力影響，也就人去樓空。

古村仍保留看得見的歷史文化層次

2019年慶春約十年一會打醮盛事，適逢鄰村荔枝窩展開復村工作數年，也正好重聚了大量海外回鄉的村民，為該區帶來外界更大的關注。在密集熱鬧的傳統儀式中，加倍凸顯區內多條古村因遠離都市化，得以沉澱深邃的歷史文化。當下放任自然的能量，也有懾人之美，令人想到鄉村的未來，如何延續才美好？

梅子林1963年航空圖

國際古蹟遺址理事會與國際風景園林師聯合會於2017年發表《關於鄉村景觀遺產的準則》，當中提出「鄉村景觀遺產」的定義，以及它整體應作為文化遺產的理據，就是社群生活其中，善用自然資源和能源，逐步建立出生產與生活系統，這包含了「物質與非物質文化遺產，藏著技術、科學、實用知識，以及人與自然之間的關係」等價值。

梅子林慍人的文化層次，其實在國際間已提供了論述。

從梅子林看鄉郊保育

香港城市發展始於香港島北岸，後為應付用水需要，花了逾百年拓展全港集水網絡，至今覆蓋約360平方公里，包括17個主要水塘，和120公里長的引水道所在的集水區，亦成為香港「發展區／可發展區」與「保育區」的結構性分界線。面對全球暖化，降雨不足，珠三角已啟動「西水東送」工程，因此維護本地集水系統，亦是大灣區整體發展的需要。香港城區和鄉郊的分工藍圖其實已見穩定，難以逾越。在北部都會區發展計劃下，大鵬灣印洲塘屬「生態康樂旅遊圈」。

鄉郊保育，是2017年《施政報告》在有關宜居城市章節中所提及「活化鄉郊」的實踐。2018年，環境保護署轄下的鄉郊保育辦公室成立，並透過資助計劃，讓本地非牟利機構和村民互動協作，在偏遠鄉郊地區，推展多元及創新的保育活動或計劃。本出版內容來自近兩年的資料搜集及研究，正是鄉郊保育資助計劃下的成果。

保育，可說是人們從認識大自然、傳統文化、工藝技術、老建設以後，為未來更好地保留，甚至復興有形與無形事物的「過程」，結果與過程都同樣重要。現代城市人的確生來就習慣生活所需一應俱全，要回到鄉郊，用超乎語言或文字的五感去理解這個生態與生活系統的確不易。

香港過去經常把發展與保育視為兩個極端的取捨，而在鄉郊保育這個人與自然互為一體的處境，如何拿捏不以活化之名把城市價值放在鄉郊，需要範式轉移（Paradigm Shift）。既要對一貫保育做法作反思，也要有微觀生活文化差異的自我醒覺。無論如何，在未知前行每步如何落墨之前，認清原有文化資源是甚麼，一定是基本步。

梅子林
發展及保育時序表

1661年

梅子林落擔祖先曾起有從東莞清溪遷至梅子林開村

清廷為斷絕對反清勢力鄭成功的補給，首次下達《遷界令》。

1662年

《遷界令》正式頒行

17th
世紀
CENTURY

1669年

廣東省居民遂得遷回故地

1671年

鎖羅盆村落擔祖先黃維興及梅子林曾起有共同開發荔枝窩

1664年

清朝再次下達《遷界令》，不過梅子林村民未必有跟隨往內陸遷徙。

1668年

廣東巡撫王來任及兩廣總督周有德先後上書請求展界

1684年

清廷廢除《遷界令》

新安縣全圖

《展拓香
港界址專
條》附圖

1820年 至 1830年
由客家群體主導的東和
墟成立，成為梅子林村
民日常買賣、補給日用
品的主要地方。

1898年 6月
中英雙方簽訂《展拓香
港界址專條》，以深圳
河為界。

1899年 4月16日
英國宣佈正式接管新
界，沙頭角十約從此一
分為二，梅子林劃入英
界。

19th
世紀
CENTURY

1899年 7月
政府頒佈《地方社
會條例》，挑選鄉
村代表協助管治新
界，慶春約七村屬
沙頭角區屬下第七
分區，並委任包括
梅子林在內的八名
村代表。

1899年 11月
開始進行土地測
量，釐清業權；
梅子林屬於丈量
約份第141約。

第141約丈量約份圖

1941年 至 1945年 8月

日佔時期梅子林鄰近地區被日軍多次掃蕩，也同時成為了東江縱隊的重要據點和遊擊區。

1905年 3月

政府以集體官契的形式登記註冊梅子林的土地

1908年

梅子林歸入英界後首幅官地拍賣

1941年 12月

第229聯隊第三大隊取道沙頭角、亞媽笏與梅子林之間的山徑、坪輋及沙螺洞前往大埔，香港戰役爆發。

1945年 8月

港英政府照會南京國民政府，要求重新在中英街豎立被日軍拆除的界石，設立邊境禁區。

20th
世紀
CENTURY

1948年 4月

中英雙方在沙頭角舉行重豎界石典禮，邊境居民仍可自由出入中英街。

1954年

梅子林最後一次官方記錄的地段買賣

1951年 6月

韓戰爆發後，港府以防止偷渡和走私為由，將毗鄰深圳的大片土地劃為禁區，非沙頭角村落村民出入須事先申請，從此切斷了沙頭角與深圳一帶的聯繫。

1963年 3月

華僑日報報道有關梅子林及荔枝窩村民要求政府擴建行人路的新聞中指，梅子林當年有14戶，80餘人居住。

1970年代

內地經濟改革開放，本地農產品價格競爭力大減，變相促使梅子林村民遠赴英國及歐洲其他地方謀生。

1972年

政府於1972年底公佈「小型屋宇政策」，翌年訂定《認可鄉村名冊》，梅子林包括在內，名冊中新界鄉村的男性後嗣每人均可申請在村內興建一幢「丁屋」，但梅子林至今沒有村民透過該政策興建丁屋。

2004年
特區政府公佈「新自然保育政策」，選定12個須優先加強保育地點，並推行管理協議和公私營界別合作，成為鄉郊保育的雛形。

2008年
同屬慶春約七村之一的鎖羅盆，有行山人士向環保團體投訴發現該區出現斬樹事件，引發保育「不包括的土地」的討論。

2010年
政府在《施政報告》中承諾將54幅「不包括的土地」納入郊野公園範圍。

2016年
馬料水至荔枝窩渡輪服務於1月1日試航，最初只有周日航班，至2020年5月才出現周六及周日恒常安排。

2016年政府核准《荔枝窩、小灘及三椏村分區計劃大綱圖》(S/NE-LCW/2)。

21th
世紀
CENTURY

2018年
環境保護署轄下鄉郊保育辦公室成立

2019年
鄉郊保育辦公室安排重新鋪設由荔枝窩通往梅子林的一段道路

梅子林重新接駁電力供應

慶春約十年一屆建醮，海外村民雲集回鄉。

2020年 至 2022年
鄉郊保育資助計劃批出三個在梅子林進行的項目，本計劃為其中之一。

目錄

第一章　梅子林村誌

梅子林的
自古以來

位處新界東北被船灣郊野公園包圍的梅子林,與荔枝窩、三椏、蛤
塘等六村,同屬沙頭角十約中的慶春約[1]。這個位處吊燈籠山腰的客
家村落,距離荔枝窩村約有20分鐘的步程,高峰期有16戶、上百人
居住。自1970年代村民已陸續遷往市區或海外。據梅子林村民家族
內世代相傳的家譜,該村至今已傳至第14代。建村逾300年之說,
大致有跡可尋。

慶春約最早村落之一

梅子林建於1661年（即清朝順治十八年）[2]。根據村民提供的手抄本《梅子林村族譜》，該村的氏族源流，最先可追溯至落擔祖先曾起有（第1代）。他由東莞清溪來到梅子林，後來遇上黃集公，應邀搬至荔枝窩。這個部分稍後會再提及。

曾起有生有三個兒子，分別為忠蘭、忠賢及忠明，其中的忠蘭也有三個兒子，么子連尚（第3代）正是族譜中可見梅子林開枝散葉記錄之始。他的兩個兒子（第4代）及其後的第5至14代子姪名字皆有清楚記錄。至於港英政府於1905年正式簽訂的集體官契紀錄，當時村內屋地的多個持有人，均為族譜中的第7代。

據村民口耳相傳之說，連尚兩個兒子從荔枝窩回到半山梅子林建屋定居，故村內較高的一排樓房（後稱「上巷」），最初為兩家大門對望的客家大屋，左右各一房人。直至大概第6代時，村民經濟環境大為改善，才將樓房作部分改建。換句話，該村的人口結構，是由兩兄弟的直系家庭分支而來，戶與戶之間都是叔伯和堂兄弟姐妹。一排村屋看似是一間一間獨立房屋，但其實是兄弟房間的分配。這也同時解釋了為何由村民共用的「眾屋」[3]，位於上巷村屋的正中間。

同屬慶春約的鎖羅盆傳有《香港新界沙頭角鎖羅盆村黃氏族譜》（下簡稱「《黃氏族譜》」），從中亦可對照梅子林的建村歷史，因為鎖羅盆祖先黃維興，正是前面《梅子林村族譜》中提及的黃集公。

根據《黃氏族譜》，鎖羅盆村的落擔祖先黃維興乃明末都督，駐守廣東省永安縣。1644年明朝覆亡後，他帶同家屬避走南下，就地自力更生，伺機反清復明。他最初在沙頭角紅石門村落腳，後來到了梅子林，開嶺鋤山，耕種為生。

黃維興選上梅子林，大概有地利之便的考慮。事關梅子林位
處吊燈籠山腰，此山峰乃沙頭角一帶的最高點，可遠眺整個大
鵬灣。村民憶述村後有小路登頂，是兒時放牛上山吃草常到之
地。鎖羅盆黃慶祥村長亦指，黃維興曾與對岸部屬定下暗號，
以在山頂掛燈籠作為互相增援的記號，吊燈籠因而得名。

開村即遇遷界令

然而，梅子林開村的1661年，乃清朝首次下達《遷界令》之
年。當時，清廷為斷絕對反清勢力鄭成功的補給，勒令沿海
居民向內陸遷徙30至50里不等。有關命令於康熙元年（公元
1662年）正式頒行，同時清廷派員巡視海疆，分赴沿海各地
督促遷界事務，加強管理。清代著名學者屈大均在《廣東新
語》中如此描述：

> 「歲壬寅二月，忽有遷民之令，滿洲科爾坤、介山二大人
> 者，親行邊徼，令濱海民悉徙內地五十里，以絕接濟臺灣
> 之患。於是麾兵折界，期三日盡夷其地，空其人民。[4]」

官方紀錄並沒有詳細記載邊界範圍，然而工部尚書杜臻於
1683年被派往粵閩地區重新劃定疆里時，撰寫了《粵閩巡視
紀略》，當中記錄了當年新安縣遷界的範圍：

> 「元年，畫界自三角山，歷馬鞍山等境、源泉山、河水
> 口、香欖圍、周家山、田心圍、涼水井、羊蹄山、更鼓
> 山、北竃山、圍村、上村、新安縣、崇鎮舖、照穴岩、
> 白石山、漢塘山、龍灣山、梅嶺村、新英村、赤尾村、
> 塘尾圍、隔塘圍、箝口山、平輋山、後梧桐山、黎峒
> 村、梧桐山、鹽田村、梅沙山、溪涌山、下洞山、湧浪
> 山、**梅子林**、田頭山、逕口山、窰凹嶺至大鵬所為新安
> 邊邊界，以外距海二十五里，洪田……香港、塘福、梅
> 窩、石壁螺、杯澳、大澳、沙螺灣諸海島皆移並續遷共
> 豁田地一千三百五十九頃有奇。於大鵬所置重兵，又因
> 界設守。」[5]

新安縣全圖 [6]

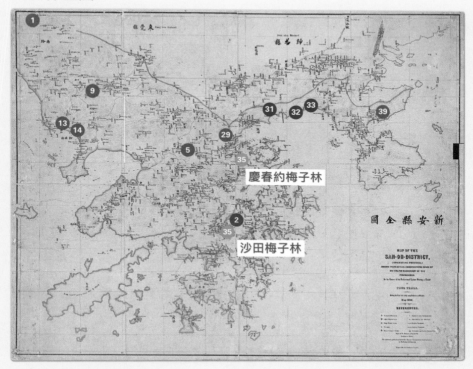

圖片來源：Trove.nla.gov.au
Volonteri, Simeone, Map of the San-On District, (Kwangtung Province) [cartographic material] : drawn from actual observations made by an Italian Missionary of the Propaganda in the course of his professional labors during a period of four years : being the first and only map hitherto published, May 1866, National Library of Australia, 3426150

1. 三角山	10. 更鼓山	19. 龍灣山	28. 黎峒村	37. 逕口山
2. 馬鞍山	11. 北窟山	20. 梅嶺村	29. 梧桐山	38. 窰凹嶺
3. 源泉山	12. 圍村	21. 新英村	30. 鹽田村	39. 大鵬城
4. 河水口	13. 上村	22. 赤尾村	31. 梅沙山	
5. 香欏圍	14. 新安縣	23. 塘尾圍	32. 溪涌山	
6. 周家山	15. 崇鎮舖	24. 隔塘圍	33. 下洞山	
7. 田心圍	16. 照穴岩	25. 箝口山	34. 湧浪山	
8. 涼水井	17. 白石山	26. 平崒山	35. 梅子林	
9. 羊蹄山	18. 漢塘山	27. 後梧桐山	36. 田頭山	

從《粵閩巡視紀略》中可見，首次的遷界線以三角山為起點，中間經過37個村落、山嶺、縣城，以大鵬古城為終點。翻查現存的清朝新安縣地圖，大多屬示意性質，只標示重要地點，交代大概方位而已。1866年意大利天主教神父繪製的《新安縣全圖》，可能是記錄較詳細、而又標示出較多遷界點的地圖。此地圖雖然與《遷界令》相距近200年，但在城市發展出現以前，村落及地形變化相對較少，故仍具一定參考價值。

這地圖中可以找到三角山、馬鞍山、香櫞圍、羊蹄山、上村、新安縣（城）、梧桐山及大鵬城（前頁圖紅色號碼）八個遷界點，大部分至今仍在，位置變化不大。地圖上沒有找到梅沙山、溪涌山、下洞山，但有同名地方（前頁圖藍色號碼），相信遷界點大概在附近。

遷界時期距今300多年，除了上面提及的遷界點外，其餘地點的確切位置已不可考。經初步標記後發現，遷界線也許不是想像中一條清晰、順序、連貫的界線，而可能是一個大概、相對模糊的範圍，故此未能肯定《粵閩巡視紀略》提及那個落在遷界線、名為「梅子林」的地方，究竟是慶春約梅子林，還是沙田梅子林。

第一次遷界令之後，又出現第二次遷界令。康熙三年（1664年），清政府以「民未盡空為慮」的理由，擴展遷界，計劃要整個香港範圍盡都清空。不過，數年後時任廣東巡撫王來任及兩廣總督周有德眼見百姓流離失所，深感遷民之苦，於康熙七年（1668年）先後上書請求展限，最終於康熙八年（1669年），廣東省居民遂得遷回故地。至於其他省份，則要待康熙二十二年（1683年）鄭成功兒子鄭克塽降清，清廷才於翌年（1684年）廢除遷界令。

遷界後回流後形成七村

《遷界令》後，新安縣回遷的原住民一直很少。為恢復地方生產，清政府決定從廣東省各處招徠移民到新安縣重新墾殖，其中以廣東中部及北部地區耕地不足的客家人應召者最多，而沙頭角一帶則成為遷入客家人的主要聚居地。

根據《黃氏族譜》，黃維興後來與梅子林的曾起有共同開發荔枝窩，時為1671年，亦即廣東省復界後兩年。後來由於荔枝窩曾、黃二姓人口日增，曾氏分支至牛屎湖及小灘，黃氏亦由第4代開始搬往鎖羅盆，再加上梅子林、建於1775年的蛤塘以及建於1690年的三椏村，就形成了七條客家村落。

梅子林有否遷離

究竟，清政府的兩次遷界令，有否波及沙頭角的梅子林呢？村民在官令下是否也如其他沿海居民一樣，奉令被迫離家往內陸遷徙呢？梅子林較年長的村民之間，有流傳祖先曾起有初到貴境首建茅屋的位置，卻沒有流傳建村後要遷離再回流的往事；同時亦有傳荔枝窩在遷界令前為雜姓村，曾、黃二人乃後來進駐。梅子林與荔枝窩的立村年份相距10年，有沒有可能他倆在亂世中躲在梅子林一隅，享受隱蔽半山的安寧，得以避過一劫，而在遷界令後，又正好為他們創造建村機遇？以黃維興將軍南下伺機反清復明的心情，又會否接受清政府的遷界令，流離他方呢？

這些空白充滿想像空間，卻也無從稽考了。

沙頭角十約與東和墟

早期的沙頭角，人口並未足以支持一個墟市。每逢墟期，梅子林村民都會沿著廟徑小道，翻過紅花嶺到十幾里外的深圳墟去趕墟[7]。這麼一來一回要花上一天時間，但辛苦做買賣所得的利潤，大部分還是歸了深圳墟。村民記得，長輩曾提及百多年前走路到深圳墟的經驗，通常一行數人，凌晨便要出發。不論男女，每人均以擔挑背上近百斤的農產品，甚至是一頭豬，走逾20公里路，然後再擔著從墟市買來的物品回村，好不容易。

隨著客家移民安定下來，至19世紀初，沙頭角的客家人口逐漸增加，他們便希望打破深圳墟由廣府人壟斷的局面，遂建立新墟市。這個墟市據說是由一位叫陳協進的父老首先發起集資[8]，由禾坑、南涌、鹿頸、擔水坑和山嘴等村的領導聯合建立，名為「東和墟」，有說是取「新安縣東部十約村落和衷共濟」之意。

目前並沒有資料證明東和墟的具體成立日期，但根據新界史研究專家夏思義博士（Patrick H. Hase）的研究，東和墟可能於1820至1830年間成立。夏思義博士曾親赴瑞士，找到19世紀中巴色會傳教士韓山明（Theodore Hamberg）的德文信件，當中描述到1840至1850年代的東和墟，並附有一張手繪的東和墟示意圖。韓山明牧師是第一位向客家人傳教的基督教傳教士，也是第一位進入深圳地區的傳教士，能說客家話。他於1851年在上環街市附近設立巴色會禮拜堂，翌年便在西營盤成立教會，即今天的基督教香港崇真會救恩堂。他死後葬於跑馬地墳場，至今仍可找到他的墓碑。

韓山明牧師於1853年撰寫給差會的匯報文件，形容當時的東和墟的繁榮熱鬧：

> 由於這兒是市場，所以沒有住宅。所有樓房都用作店舖和工場。他們當中有六家藥房。像這樣的店舖一共有50家，或大或小，幾乎都緊密地建在一起，它們排列在兩條平行呈東西走向的街道旁……這些店主都不住在鎮上，而是住在附近的村落；他們只來鎮上做生意，或者由一個代理人幫助經營……9

東和墟不只是一個繁榮的墟市，它更加是一個客家群體主導的區域性中心。沙頭角客家村落在墟市基礎上又成立「十約」，而梅子林與荔枝窩、鎖羅盆、三椏、牛屎湖、蛤塘及小灘七村組成第九約，是為「慶春約」。「十約」的成立對於沙頭角客家人來說是一個標誌性事件，宣佈他們正式擺脫了廣府人的控制。「十約」村裡的父老和有功名的人組成議局，共同商議約內的事務，是為「東和局」。除了發展墟市經濟外，「十約」亦肩負起教育、祭祀、防衛等公共職能，而這些都可以從東和墟的實體發展中看得到。

根據夏思義博士的描述，「十約」首先建城牆、城門和道路，主要是為了保護墟市免受外來的侵襲，其後又在東和墟市圍牆外側建立起文武廟和東和學校。從後頁圖可見，東和學校佔地不少，某程度上亦反映了客家人所崇尚的「耕讀文化」。「十約」的父老決意讓區內的子弟得到最好的教育，對於聘請老師方面下了不少功夫。

1923年的東和學校共聘有五位老師，其中有來自鹿頸的陳謹章，他是一位留美回來的學生，負責教授英文與體育；也有來自元朗的秀才李渭流，專門教授古文。所有十約村落子弟，在各個鄉村學校接受了幾年初級教育後，都會來這裡繼續學習10。至於在東和學校後面的文武廟，既是「十約」的父老議事的地方，也為「十約」的人們提供了一個共同祭祀的機會。他們每年舉行的宗教活動使各地區之間的聯繫更加密切、更加團結11。

木匠

鷺鷥徑（中英街）

水井

炮台

當舖

炮台

兵房

校院

學校

橫頭街 上街 舊街

東和舊墟

文武廟

大街

會議屋

鐵匠

穀欄

麵檔 賭館 妓寨

理髮舖
鴉片房

客棧

曬物場

沙頭角海

魚欄

住宅

天后宮 九龍關

渡亭

海關碼頭

公用碼頭

圖片來源：參考自《中英街與沙頭角禁區》一書

東和墟與梅子林的關係

從以上的描述可見，東和墟與「十約」關係密切，因當時慶春約的代表以荔枝窩的父老為主，在翻查東和墟的研究資料時，未見與梅子林直接相關的資料。然而，東和墟作為十約的貿易中心，自然也就成了梅子林村民日常做買賣、補給日用品的主要地方。據村民所述，昔日租船取道海路並不普及，因為船費太貴，因此走路可說是唯一選擇，梅子林村民表示他們的長輩會帶村內農產品到東和墟售賣，也會從那裡購回所需的日用品。

少頭角海

梅坳古道位置
（藍色線）

鎖羅盤

鎖羅盤古道

谷埔

荔枝窩

荔谷古道

分水坳
修路石碑

問路石

珠門田

梅坳古道

梅子林

亞媽笏

蛤塘

蛤梅古道

媽騰古道·壹

吊燈籠

犁頭

媽騰古道·貳

犁三古道

烏蛟騰

苗三古道

九担租

上苗田

下苗田

烏涌古道

涌尾

古物古蹟辦事處於2013至2014年曾委託顧問進行《香港古道研究》，嘗試找出並記錄早於殖民地時代出現，即非港英政府興建的步道。根據該報告紀錄，古物古蹟辦事處已有及該研究新發現，同時位於沙頭角半島及附近地區的古道有：新娘潭古徑、鹿頸至七木橋古徑，以及黎峒逕（沙頭角至深圳）。報告指，古道為香港昔日村與村及村與墟之間的來往方式提供了重要的證據，它們具有多面向的社會及歷史意義，「應盡力保護這些古道」。

如今在分水坳附近，有一塊立於1920年《創修荔枝窩村直達東和墟大路小序》（下簡稱「《小序》」）的石碑，原文節錄如下：

> 「竊以道路崎嶇，桑梓之交通未便，關山修阻，行人之道路維艱，即如荔枝窩村邊一路直達東和，昆連南約，踰山越澗，曲比羊腸，附葛攀藤，窄如寫過；使不為之修治，則熙來攘往，每嗟蜀道難行。惟是修築之費頗鉅，非綿力所能勝任；今幸仗諸公慷慨，肯解善囊，種斯土之福田，無分畛域；俾得化險如夷，坦途共履，載馳周道，平蕩同遵，豈不懇歟！是為序。
>
> 謹將發起值理及捐題芳名，備列於左
> 發起人：黃建常、黃建文
> 值理人：黃建彰、曾世傳、曾世往、曾進昌、黃有倫、曾惠昌
> 黃建文捐銀貳百元
> 黃有純捐銀七拾五元
> 黃開東、曾上倫、黃啟光、曾熾昌、曾集麟　以上各捐銀五拾元
> ……
> 民國九年（1920年）仲冬月吉旦立」

《小序》中提到修道的原委，可以想像，直至1920年修路以前，由荔枝窩往東和墟的路途都是崎嶇難行。至1920年幸得鄉紳父老慷慨解囊，才得以平整道路。這個連繫慶春約各村與東和墟的古道網絡，不少保留至今。民間熱愛遠足的人士，憑經驗梳理了沙頭角一帶有多條古道，其中跟梅子林關係密切的包括：荔谷古道、媽騰古道、蛤梅古道等。然而，在Google地圖上無影無蹤，卻建造並使用了逾百年的，其實還有「梅坳古道」。它駁通沙頭角半島東南面各村，是通往沙頭角再前往東和墟的捷徑。

梅子林至分水坳
一段由石塊砌成的古道

這段由梅子林經珠門田，再通往分水
坳的一段山路，由大大小小的石塊砌
成，無疑是古道的格局，卻未有被記
錄。它是沙頭角區接駁東和墟古道網
絡中重要一員。村民回憶指，在上世
紀早段的全盛時期，它更是區內如三
椏、牛屎湖及西流江等地方的村民前
往東和墟的必經之路，反映19世紀新
界割讓前大鵬灣印洲塘區域一體的民
生經濟歷史。

雖然1920年的修路石碑當中，未見
有梅子林村民的名字，但道路網絡龐
大，修路也就成為眾志成城的事。村
民曾偉清憶述，古道由當時較富裕的
鄉紳斥資支持，由梅子林村民自行建
造，而他母親也有份把大石搬運上
山。這些大石用於鋪設山間上下的梯
級，藉以加固地面，防止水土流失。
以搬運大石的工作為例，每一程可收
一毫子。

上　《創修荔枝窩村直達東和墟大路小序》石碑

下　位於珠門田附近的問路石，上面寫道「右邊梅子林，左邊荔枝窩」。

中英邊界將「十約」一分為二

1898年英國向清廷提出展拓香港界址的要求。1898年6月9日，雙方簽訂《展拓香港界址專條》（下簡稱「《界址專條》」）。條約所附的地圖顯示，新界北部的陸界是從沙頭角海到深圳灣之間最短一條直線，此線以南的土地租借予英國，為期99年，是為「新界」（New Territories），沙頭角亦從此一分為二。

東和墟連同十約中的沙魚涌及鹽田等區的村落，留在華界。至於包括梅子林在內、共八約的村落則劃入英界。早年邊界管制相對寬鬆，在1951年設立邊境禁區以前，兩地居民仍然有緊密的聯繫。梅子林村民曾提起祖父輩仍然會到東和墟買賣，清明時節亦會到華界的大小梅沙祭祖。

說回《界址專條》，當時的《國際法》要求英方舉行正式儀式，以表明土地管理權有所變更。然而，英方沒有急於接管新界，反而先委派當時的輔政司駱克（J.H. Stewart Lockhart）對新界作整體調查勘探。駱克花了約一個月時間便完成調查，寫成了《駱克報告書》[12]。這份報告書涵蓋的內容相當廣泛，對「新界」的自然及人文地理作了一些扼要的描述，其中包括了新界鄉村的名字及村民數量。

大概是調查時間緊迫，山路崎嶇，是次記錄並未有涵蓋所有新界村落。沙頭角區當中，慶春約只有三丫（三椏）及荔枝窩在記錄之列，未見有梅子林等其餘五村的名字。當時駱克亦留意到新界地權不清的問題，他認為首要事項就是進行土地測量及處理土地業權，以建立徵收地稅制度的基礎。

東和墟及十約村落位置

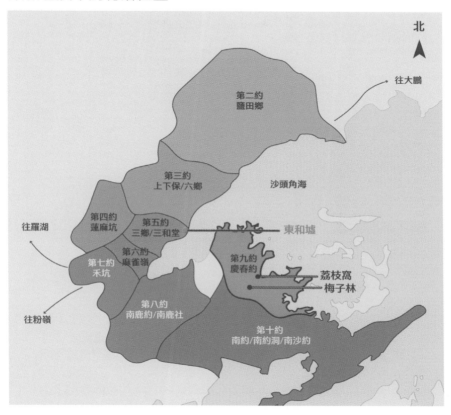

圖片來源：參考自〈十約：沙頭角地區的定居與政治〉，《香港客家》。

《駱克報告書》中沙頭角區鄉村統計

SHAT'AU KOK DIVISION.					
Name of Village.	Population.	People.	Name of Village.	Population.	People.
Shán tsui 山嘴	250	H.	Hung shek muh 紅石門	40	H.
Sheung wai 上圍	80	H.	Lai chi wo 荔枝窩	300	H.
San ts'ün 新村	180	H.	Shek shui kán 石水澗	20	H.
Tám shui hang 擔水坑	200	H.	Wang ling tsui 橫嶺嘴	70	H.
Ú shek kok 烏石角	70	H.	Wang ling t'au 橫嶺頭	150	H.
Tái long 大朗	70	P.	Yung shū au 榕樹凹	300	H.
Yeung ngák t'au 羊額頭	100	H.	A ma fat 亞媽笏	60	H.
Ma tseuk ling 麻雀嶺	220	H.	Ú kau t'in 烏蛟田	300	H.
Au ha 凹下	80	H.	Ch'ung mi 涌尾	60	H.
Wo hang 禾坑	260	H.	Kuk pó 谷埔	500	H.
P'ing p'o mi 平婆尾	80	H.	Luk keng 鹿頸	300	H.
Kat 6 吉澳	600	H.	Nam ch'ung 南涌	200	H.
Pák sha t'au 白沙頭	20	H.	Fung hang 風坑	200	H.
Pák t'ám chau 白潭州	60	H.	Sam tám lo 三擔籮	40	H.
Fung wong fat 鳳凰笏	10	H.	Lo lung t'iu 老龍田	20	H.
Siu kau 小滘	150	H.	Kai kuk shū ha 鷄鵠樹下	120	H.
Tái kau 大滘	100	H.	Ts'at muk k'iu 七木橋	80	H.
Kam chuk p'ái 金竹排	100	H.			
Sám a 三丫	150	H.	Total villages, 36	5,540	

圖片來源：
Report by Mr. Stewart Lockhart on the Extension of the Colony of Hong Kong, 1899

就在這近乎10個月的等候期內，港英政府遲遲未有公佈如何接管新界，這難免在鄉民間引起各種謠言與揣測，畢竟這牽涉到各大氏族的風水以及土地權益，於是部分新界鄉民決定武裝抗英。當時，港英政府擬定於1899年4月16日在新界大埔舉行象徵英國正式接管新界的升旗禮。就在典禮前兩天，大埔鄉勇燒毀為升旗儀式而搭建的竹棚，就此掀起了「新界六日戰爭」的序幕。鄉民先在大埔泰亨村開戰，瞬間擴展至屏山、廈村、錦田。由於雙方實力及武備懸殊，僅六天就死了500多名村民，事件最後因村民投降而平息，英方自此接管新界。

時任港督卜力（Henry Arthur Blake）認為，這場衝突源於新界鄉民誤信謠言而起，因此他主張採取懷柔政策，對於參與戰事的鄉民不予以追究。這次衝突凸顯了殖民地官員與鄉民之間溝通不足，故此情況穩定以後，港英政府隨即在7月頒佈《地方社會條例》挑選鄉村代表協助政府調解、議事和施政，加強官民溝通，這可以說是管治新界的重要法例。

為此，港英政府將新界分為八區，分別是九龍、沙頭角、元朗、雙魚、六約、東海、東島和西島，其下再分為48個分區，並且任命了597名村代表。慶春約七村屬於沙頭角區屬下第七分區，並有八名委任村代表。

慶春約鄉事代表名單

7 SUB-DISTRICT. Villages.				HING CH'UN 慶春 Names of Committee.			
Lai Chi Wo	...	...	窩 枝 荔	Tsang Shai-ch'ün	...	...	倫 清 常 往 傳
Siu T'án	...	...	灘 小	Tsang Shai-wong	...	...	上 來 建 世 世
Ngau Shui Ŭ	...	...	湖 水 牛	Wong Kin-sheung	...	...	曾 黃 曾 曾
Sám A Wai	...	...	圍 丫 三	Tsang Loi-ts'ing	...	...	
				Tsang Sheung-lun	...	...	
So Lo P'un	...	...	盤				
Fan Shui Ău	...	...	鎮 羅 分 凹	Wong Yau-sau	...	...	發 秀
Mui Tsz-lam	...	...	梅 水 林	Tsang Ŭt-fát	...	...	悅 有 曾 黃
Hop T'ong	...	...	拾 子 塘 刀				
Mo Tó Háng	...	...	磨 坑	Fán Shung-shing	...	...	勝 崇 范

圖片來源：*The Hong Kong Government Gazette*, 8th July, 1899

釐清新界土地業權問題

時任港督卜力向各村代表發出公告，通知他們將有官員分階段到訪各分區作土地登記。土地持有人需向到訪官員提交土地申報資料，這些已登記的名單將於村內張貼七天，確保無人異議。土地持有人在繳交地租後，才會收到文件證明其業主身份[13]。與此同時，港英政府於同年11月開始土地測量工作。新界和新九龍分別共劃分為477個「丈量約份」（Demarcation District）和「測量約份」（Survey District）；梅子林則屬於丈量約份第141約。

由於港英政府宣佈所有香港土地只能租借不能售賣，故政府為每塊丈量約份／測量約份的土地批出集體官契，方便確定和登記該地區擁有人的業權。1905年3月27日港英政府以集體官契形式登記註冊梅子林的土地，而租契載有測量結果、租借該地段的條款、業主姓名、地段編號及面積、土地描述，以及需繳交的地租等資料。全靠這些紀錄，我們得以一窺早年梅子林的情況。

20世紀初的梅子林，其村面積遠大於今日所見範圍，背靠風水林的村屋已由原來兩座大屋，分建成一排獨立的房屋。根據梅子林的集體官契，當時整條村共分為1,072個地段，47個地段用作房屋、糞寮、打穀場（右圖分別以藍色、紅色及黃色標示），餘下的為耕地、稻田及棄置場（原記錄為「padi and waste」），反映了梅子林村民昔日的簡樸農耕生活。此外，380多個地段的土地持有人報稱居住在荔枝窩，這某程度上反映了梅子林與荔枝窩的緊密關係。事實上，荔枝窩是由梅子林的落擔祖先曾起有與鎖羅盆村祖先黃維興共同建成。曾起有兩個曾孫回到梅子林開枝散葉，其餘子孫都留在荔枝窩，兩村之間的村民可說是同祖同源。

梅子林的曾氏祠堂坐落於荔枝窩，故村內祭祠等事宜均在荔枝窩進行，其他如喪葬儀式或村務討論等則在眾屋進行。

梅子林第一幅官地拍賣

經過港英政府長達三年半的土地登記工作，業權隨之明確，未申報之土地便成為政府官地。自此新界村民想要購買地皮，便需要經理民府轄下的田土廳申請，然後在田土廳作公開拍賣。梅子林歸入英界後，首幅官地於1908年進行拍賣，是為第141約第1073號地段，記錄顯示它用於建屋之用，之後村民陸續購入1073至1076號地段旁的土地建屋，從此形成了如今在梅子林所見，臨梯田而建的前後兩排房屋佈局。

梅子林最後出售的地段為1077號及1078號，年份為1954年，兩幅均為農業用地。這某程度上反映了1950年代梅子林農業生產蓬勃，農產品有利可圖。據梅子林現任村長曾玉安所說，在中國改革開放以前，沒有內地產品供港，本地市民對年桔需求甚殷，故村民在種植稻米番薯以外，開始種年桔幫補收入。年桔生意在1970年代最為興旺，每逢新年農戶都要聘請工人搬運年桔，經鹿頸送往內地出售。曾玉安村長稱，曾有農戶賣年桔賺取13萬，以當時物價來說，回報甚是豐厚。

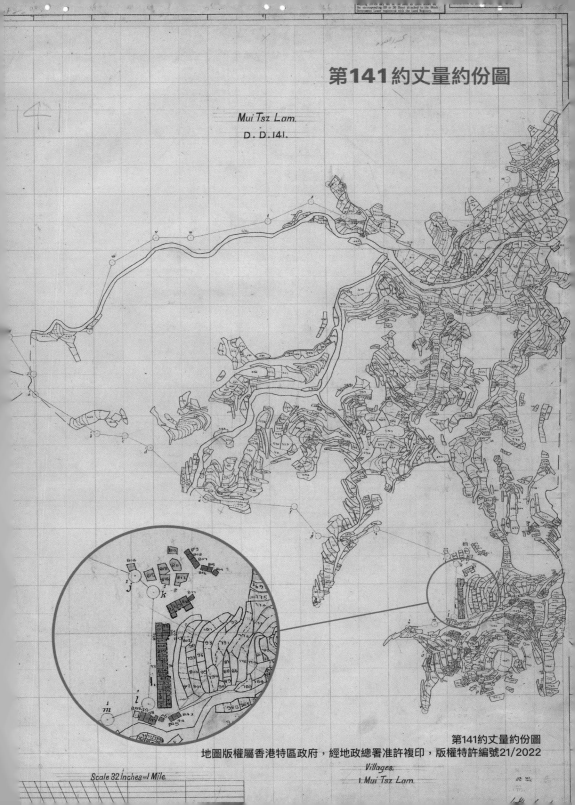

第141約丈量約份圖

Mui Tsz Lam.
D.D.141.

Villages.
1. Mui Tsz Lam.

Scale 32 Inches = 1 Mile.

慶春約小瀛學校

前面提及的梅子林私塾，如今已被大樹遮蓋，現場可見塌方的
遺址。由於丈量約份圖並沒有標示昔日私塾所在，由此可推斷
它大概在19世紀末已荒廢。據曾玉安村長所言，他祖父小時候
曾於這所私塾就讀；到了他這一輩，村內學童都步行到荔枝窩
的小瀛學校就讀。

小瀛學校建於荔枝窩協天宮與鶴山寺旁，初建時校舍只有兩個
課室。校名大概取自校內懸掛的對聯「小院藏書供飽讀，瀛洲
有路許同登」，下款署名為「黃建常民國二十五年孟春月穀旦
撰書」（民國二十五年，即1936年）。黃建常是出身荔枝窩的
富戶，是前面提及慶春約分區的八名村代表之一。

政府檔案處有多份就小瀛學校擴充校舍與政府往還的信件及報
價，其中一份信件由小瀛學校校監曾庚於1956年撰寫，向大埔
理民府長官申請擴建校舍的資助。信件提及小瀛學校於1932年
建成，1950年夏天增加一班六年級後，課室開始不敷應用，故
商借協天宮一偏房，稍事修葺作第三課室。唯該課室於200餘
年前建成，日久失修，慶春約在村內多方募捐作建校基金，籌
得款項5,200元正，與目標金額仍有距離，故去信希望局方可
資助餘款[14]。

1950至60年代大概是慶春約人口的頂峰，直至1964年，小瀛
學校學生多達188人[15]，然而到了1975年，學生人數下跌至88
人。隨著村民遷出市區或赴居海外，小瀛學校收生不足，最後
於1988年關閉。

攝於約1958–1959年　圖片來源：荔枝窩村民提供

小瀛學校學生於
校門前拍照

學校旁為鶴山寺與協天宮，攝於約1958–1960年
圖片來源：荔枝窩村民提供

烏蛟騰
抗日英烈
紀念碑

二次大戰時期的梅子林

圖片來源：陳智遠提供

日軍對香港的情報工作早在1923年《英日同盟》結束後開展，唯其入侵意圖則到了1936年才開始彰顯。1936年，日軍在修改《帝國國防方針》及《帝國用兵綱領》時，首次在當中加入了對英作戰的部分。當時的修訂僅屬初步的想法，並沒有任何實質的計劃。至1940年初，香港正式被視為對華作戰的一部分。隨著美日關係在1941年間惡化，日軍正式準備入侵香港。日本對港的入侵以第23軍第38師團為主力，至1941年10月入侵計劃大致成型。

1941年11月，日本駐廣州的第 23 軍司令官酒井隆為進攻香港作最後準備，並在12月初大舉南下。第38師團由師團部、步兵第228聯隊、步兵第229聯隊、步兵第230聯隊、野戰炮兵聯隊、偵察聯隊、工兵聯隊、運輸聯隊及通訊隊組成，當中第229聯隊最先於11月21日由中山出發南下。第229聯隊以東線進攻，兵分東西兩路越過邊境。第229聯隊第三大隊以東路入侵，在12月8日上午進入沙頭角，取道亞媽笏與梅子林之間的山徑、坪輋及沙螺洞前往大埔。聯隊在下午3時前進大埔墟時遭到格萊少校伏擊，其後在多次抵抗下與在大埔的第229聯隊第一及第二大隊會合繼續行軍，準備橫渡沙田海，從馬鞍山進攻防線右翼。戰時與梅子林相關的記載大概如此。

香港淪陷後，日治政府在港設立了憲兵隊，負責香港的治安、軍事警察和情報。起初，香港憲兵以五個區域劃分，其後經歷了兩次改組。第二次改組後上水憲兵派遣隊升格為上水地區憲兵隊，下設沙頭角憲兵派遣隊、元朗憲兵派遣隊、大埔憲兵分駐所及青山憲兵分駐所。沙頭角憲兵派遣隊以小田坦平准尉為隊長，帶領轄下共16人（五名憲兵、五名輔助憲兵、五名華人憲查及一名台籍傳譯）[16]。

因遊擊隊在沙頭角一帶活躍、鄉民曾綁架日方傳譯等原因，日軍曾多次掃蕩烏蛟騰、荔枝窩等鄰近地區，而梅子林村民也憶起祖父輩曾經被日軍侵擾的往事。日軍曾到梅子林，要求村民供出村內遊擊隊成員的名字，一眾村民被趕出屋圍坐在地下，由日軍逐家逐戶搜屋。「三年零八個月」期間，這一帶正正是東江縱隊港九獨立大隊的重要據點和遊擊區，現時在烏蛟騰就設有抗日英烈紀念碑紀念抗日烈士。曾玉安村長記得，當年有位稍年長的堂兄弟曾是遊擊隊中「小鬼隊」成員，慶幸往後亦有驚無險，安然渡過這段艱難時期。

當年有關
重豎中英
界石的報道

圖片來源：1948年4月16日《華僑日報》

邊境禁區的設立

1945 年 8 月日本投降後，港英政府照會南京國民政府，要求重新在中英街豎立被日軍拆除的界石，並復名中英街。1948年4月15日，中英雙方在沙頭角舉行重豎界石典禮，並在第三至七號的界石上刻上當天日期。雖然如此，中英街當時仍然是邊境居民自由進出的地方[17]，農耕、探訪親友及趁墟交易等聯繫從未間斷。

這個時候，英界沙頭角居民所趁的墟，早已不再是東和墟了。自邊境線設立後，居民雖可以自由出入，但貨物進出邊界均需繳納關稅，加上20世紀初港英政府興建沙頭角鐵路和沙頭角公路，增加了沙頭角與粉嶺的聯繫，從此，身處華界的東和墟便逐漸走向衰落，不少商戶索性遷到英界繼續經營，促成了沙頭角墟的出現，以及一界之隔接鄰的中英街。

如今位於香港邊境禁區的新樓街1至22號，是1933年為擴建沙頭角墟而興建的一列兩層高樓房，牌樓下的商舖曾經營過飲食、米舖、火水糧油、布疋、長生店、影樓、教育、藥材、傢俬、百貨、黃金錶飾和診所等多種行業，慶春約的村民間中也到來趁墟，梅子林村民也曾在新樓街的店舖打工。如今仍在新樓街的萬生堂，由荔枝窩村現屆村長的家族經營，兩三代人一直兼理慶春約各村的信件收發及銀行匯款等村務。

寬鬆的邊境管理一直至1950年代才有改變。1951年，韓戰爆發後，港府以防止偷渡和走私為由，於同年6月將毗鄰深圳的大片土地劃為禁區，非沙頭角村落村民出入需要事先申請，亦從此切斷了沙頭角與深圳一帶的聯繫。以香港島作為政經中心的角度出發，梅子林等慶春約村落從此成了偏遠鄉郊。

戰後KAAA水井與山溪自來水

經歷戰亂及內地時局不穩,促成社會對本地食物供應和農民生活的關注。如今在梅子林後山的水井,有一幅刻有「1954 K.A.A.A.」的牌匾,是嘉道理農業輔助會的簡寫。

1940年末內地政局動盪,大批難民湧入香港,其中不少人散居新界,以務農為生。賀理士嘉道理爵士(Sir Horace Kadoorie)及羅蘭士嘉道理勳爵(Lord Lawrence Kadoorie)兄弟關注農民生活困苦,是故於1951年創辦了嘉道理農業輔助會(下簡稱「輔助會」),以提升農民的生產技術,從而改善生活。輔助會成立的首項工作,是全力推展豬隻養殖,工作包括免息貸款助建豬寮、贈送母豬、飼料貸款等。除了因為本港對於豬肉需求殷切外,嘉道理兄弟亦認為,豬隻成長速度快,農民看到資本迅速增長,自然也樂於參與[18]。

除了養豬外,輔助會還著力建設農村社會,多年來捐贈了430,000包水泥及其他建築材料,用作修建鄉村道路、水壩、水井和灌溉水道,以便利村民日常生活和農田灌溉[19]。梅子林的水井於1954年落成,由輔助會資助水泥,會方透過當年的漁農處或理民府將水泥分派到村落,由村民合力完成工程。直至1960年代,香港社會普遍有自來水供應,鄉村生活亦有同樣的訴求,於是村民便向理民府申請撥款興建簡單的供水系統,除了建水塘自行收集山水外,亦透過水管將水引入村內,村民可以在上巷兩旁的水龍頭取水。如今的梅子林,是香港少數在用水上自給自足的地方。

梅子林水井

梅子林近況

交通不便與禁區出入限制，間接影響了梅子林往後發展。加上1970年代後期，內地經濟改革開放，本地農產品價格競爭力大減，促使村民遠赴英國及歐洲其他地方謀生。及至1980年代，梅子林基本上已無村民居住。

直至近年，有移居海外的村民回流返港，有退休的村民積極回村打理，一群熱愛梅子林的義工亦成為這村發展的助力，中電亦於2019年重新接駁電力供應。隨著鄉郊保育辦公室於2018年成立，部門安排重新鋪設由荔枝窩通往梅子林的一段道路；政府亦於2019年推出鄉郊保育資助計劃，鼓勵本地非牟利機構和村民互動協作，在偏遠鄉郊地區推展多元及創新的保育活動，為梅子林帶來明顯變化，這在往後部分會再討論。

註

1. 慶春約乃沙頭角十約之第九約，當中包括七條客家村，即荔枝窩、梅子林、三椏、蛤塘、鎖羅盆、牛屎湖及小灘。

2. 新界沙頭角區聯鄉會（1955）。《沙頭角區各村單複姓源流表編造總冊》。

3. 村民聚集用來祭祀及商議事務的地方。

4. Sturgeon, D. (n.d.).中國哲學書電子化計劃.
   https://ctext.org/wiki.pl?if=gb&chapter=654087#p75

5. Sturgeon, D. (n.d.).中國哲學書電子化計劃.
   https://ctext.org/wiki.pl?if=gb&chapter=829292

6. 《新安縣志》是中國廣東新縣的地方志，包括了今深圳和香港一帶，現存較早的版本是清康熙年期編訂，約於1688年。

7. 夏思義（2005）。〈十約：沙頭角地區的定居與政治〉，《香港客家》。桂林：廣西師範大學出版社。頁81。

8. HASE, P.H. (1993). "Eastern Peace: Sha Tau Kok Market in 1925". *Journal of the Hong Kong Branch of the Royal Asiatic Society*, 33, 147–202.
   www.jstor.org/stable/23890097

9. HASE, P.H. (1990). "Sha Tau Kok in 1853". *Journal of the Hong Kong Branch of the Royal Asiatic Society*, 30, 281–297. www.jstor.org/stable/23889758

10. HASE, P.H. (1993). "Eastern Peace: Sha Tau Kok Market in 1925". *Journal of the Hong Kong Branch of the Royal Asiatic Society*, 33, 147–202.
    http://www.jstor.org/stable/23890097

11. 夏思義（2005）。〈十約：沙頭角地區的定居與政治〉，《香港客家》。桂林：廣西師範大學出版社。頁90。

12. 黃文江。〈簡論《駱克報告書》〉。
    https://histweb.hkbu.edu.hk/upload/newsletter_journal/96/issue/5f5989cb4deae.pdf

13. Government House. (1900). Appendix IV of *Report on the New Territory During the First Year of British Administration*, Laid before the Legislative Council by Command of His Excellency the Officer Administering the Government (270).

14. Public Records Office. (1956–1979). *Lai Chi Wo Siu Ying School*. HKRS1075–1–20.

15. 同上

16. 劉智鵬、丁新豹（2015）。《日軍在港戰爭罪行：戰犯審判紀錄及其研究》。香港：中華書局。

17. 阮志（2014）。《入境問禁：香港邊境禁區史》。香港：三聯書店。頁32。

18. 香港記憶（2012）。協力耕耘：嘉道理農業輔助會及戰後香港農業社會。
    https://www.hkmemory.hk/MHK/collections/KAAA/about/index_cht.html

19. 同上

梅子林
四時節令回憶

鄉村的節慶感，可能是在現代高樓大廈、各家關門閉戶的核心小家庭社會結構中，無法複製體會的一種氛圍。這可能關乎讓人易於交流互動的戶外空間、生活環境、容許和促使人就地取材去創造的天然資源，以及社群互相依存的人際關係。

在鄉村生活，人們要因應大自然四季的節奏，並按全年各樣需要考慮去經營農耕作業。社群既有全年作息的秩序，個人亦有不同階段的角色和相應的學習。鄉村世代相傳的節慶和相關的飲食，就是氣候、季節、農耕知識、社群共處各元素交疊而成的產物。人在其中，有多元體會，的確豐富精彩，並非是金錢可以堆砌生產的經驗，也正正是這樣的經驗造就美好的回憶。

從梅子林村民對全年四季的憶述中，我們大概可以找到連串因鄉郊環境而生的文化元素、瀕臨失傳的知識，以及時代的線索。

項目開始之初，研究團隊先和村民及義工進行工作坊，按月份和季節回憶昔日梅子林的農耕生活及節慶活動。

將討論成果羅列紙上，成為往後記錄及經驗重演的基礎。

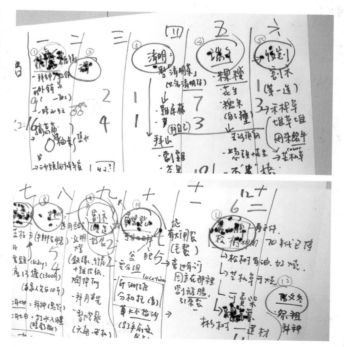

春

一月

元宵 及 春節

年廿三：謝灶，燒灶君，將其送上天庭 / 推牌九 / 拜祖先
年廿五：摘菖蒲煲水洗澡 / 寫對聯 / 辦年貨，如買慈菇、
　　　　炮仗、去三椏村福利茶室預訂豬肉。
年三十：貼新灶君像 / 豬肉送到村 / 做米通及年糕
年初一：燒炮仗 / 到荔枝窩拜祠堂 / 晚上打牌九 / 在眾屋打
　　　　銅鑼和打鼓

二月

驚蟄 春分

春社

又稱為「造社」，祭祀土地伯公，祈求豐收。祭祀後太公分
豬肉，家家戶戶用來做鹹菜蒸豬肉。

三月

清明 穀雨

清明節

摘雞屎藤：製作清明仔及清明茶
摘蕉葉
祭祖：預備的祭品包括雞、豬肉、茶粿、元寶蠟燭，有時帶
上自己種的橙及桔仔。

客家山茶。

除了可以銷售的經濟作物外，村民也會種植茶樹。梅子林位處半山，環境較潮濕，適宜茶樹生長。村民憶述以往在村裡，喝茶多於喝水。每逢春天，他們會採嫩葉炒茶，這種茶只供自家飲用，他們只管叫它做「山茶」。有村民指「這個茶很解渴，外面買不到」，是梅子林獨有的味道。茶樹群多年來疏於打理，在物競天擇的環境下，所餘無幾，但偶然也找到一兩棵小茶樹，現正悉心打理，希望可以重現生機。

祖墳嶺域。

每年清明及重陽，村民也會祭祖。1983年前，因為沒有出入境及葬區的限制，村民會根據風水考慮山墳選址，除在所屬的村落附近，亦有葬於印洲塘、芬箕托及今天深圳大、小梅沙等位置。每年祭祠之行其實也有助強化族群的地域身份。村長曾玉安記得，兒時重陽會分組槳船到深圳的「揹仔角」風水地（今大鵬灣華僑墓園）拜祭祖先曾連尚（曾氏族人的第3代，即梅子林上巷村屋群左右兩房兄弟的父親），回程時會摘很多很大的油甘子。至於落擔祖先曾起有則葬在白沙頭，即今天印洲塘黃幌山的山脊，梅子林和荔枝窩的村民會相約前往拜祭。黃幌山位於吉澳島西南面，朝印洲塘的一方，也是印洲塘六寶之一的「羅傘」，其標致的山峰線條遠看如傘子，山形與「傘」字並列，相映成趣，由此看見文化與環境的關連。

印洲塘黃幌山，山峰線條遠看如傘子。

客家圓籠年糕製作記錄

糯米中的支鏈澱粉比例高，烹煮後形成軟糯質感。它是客家眾多甜點小吃的原材料，粗略點算就有茶粿、糭、湯圓、糍粑以及年糕等，還可以用來釀酒，這些都是從前在梅子林村內常見的食物。鄉村年糕用料同樣以糯米粉為主，輔以粘米粉、甘蔗糖磚，只是分量都比現時市面所見的大得多。

材料

- 糯米粉
- 粘米粉
- 甘蔗糖磚
- 柊葉及八角楓

準備及做法

1. 撿拾足夠供灶頭燃燒10小時的樹枝，並劈至合適的長度備用；

2. 工具方面，客家人蒸年糕所用的圓籠，是用六角編織法編製而成、窩形有深度的立體竹製盛器。為防年糕粉漿從六角孔間滲漏，圓籠需以長形的「柊葉」環繞鋪設，封好圓籠的周邊，然後再在底部鋪上方闊的八角楓葉進一步防漏，八角楓葉的好處是不黏糕底；

客家圓籠年糕製作記錄

八角楓葉

柊葉

用葉密鋪圓籠

3. 食材方面，沙頭角街市過年前會有專製年糕的糖磚出售，它比常用的片糖厚，密度高而重，一斤大概只有三磚。它是年糕的靈魂，增添色和味，也香；

4. 其次是糯米粉和粘米粉，前者為主，後者為輔。前者黏度高，是年糕軟糯的口感所在，後者有助固形，令糕身較挺實。根據村民的分享，兩者的比例為5:1；

5. 工具及材料俱備，就可以煲水將糖磚煮溶成糖水，預備用來搓粉；

6. 將約共20斤的糯米及粘米粉放入大盆，徐徐注入糖水，讓乾粉吸水，然後一邊攪拌一邊加糖水，要讓所有乾粉都能與糖水融合，成為濃稠幼滑的粉漿，便可以倒入圓籠，用柴火蒸煮；

7. 正因為圓籠體積不少，蒸製的時間就特別長。注入的

客家圓籠年糕製作記錄

粉漿約有8至10吋高,糕心中間最難煮熟,所以每兩、三小時就要用木棍攪拌,翻起內裡的粉漿到面層,確保整個年糕均勻熟透;

8. 隨時間過去,粉漿會越攪越熟,也越挺實,因而攪拌棒一定要夠堅硬。梅子林村的攪拌棒是用黃牛木造的,黃牛木既光滑又堅硬,且十分耐用,鄉間長輩也會用它來造拐杖,是上好的材料;

左右圖　村民輪流攪拌年糕

9. 如是者,大糕要蒸足10小時,直到粉漿完全煮熟成固體便告完成;

10. 待年糕放涼後,用鐵線將大糕分成一磚一磚,以前會用紅紙包著,方便贈送親戚朋友。由於分量多,村民發明了年糕不同的吃法,包括將年糕撲粉後在炭爐煨、蘸蛋漿煎、清蒸、煲糖水、切條曬乾當零食等。

蒸好的年糕

經
驗
後
記
。

◇

山巒萬綠環抱的深谷小村裡，農家屋內灶頭上，有數十斤重不可動的大鐵鑊，屋頂有煙囪，飄出縷縷如霧炊煙，正是燒柴烹煮大分量美食的古村風景。梅子林已有半世紀沒再燒柴生火開灶。這兩年間，村民重演端午節包糉與農曆新年蒸糕的活動，回味舊日山間歲月。過程中備料功夫很多，眾人忙足多天，既買材料，又舟車勞頓涉水攀山的帶回家鄉，然後大伙兒在村屋內外分工處理素材食材，身在其中就自然感受到過節的興奮。

鄉村的儀式感，是來自季節天地色變與食物的色香味，也有備餐時大群人七嘴八舌的聲音，以及人與人互動的心情，多層次觀感記憶，特別令人難忘。其實，村民大可將年糕分成小份，減少蒸煮時間，亦可省功夫；但傳統似乎正是要表現出鄉村是個共同體的精神。

春聯放在鄉村，倍見畫意。

梅子林村民於農曆年前會回鄉拜祖先及在屋門前張貼對聯

夏

四月

立 夏 小 滿

農耕日常 無暇閒適

五月

芒 種 夏 至

關帝誕　端午節

端午節 ： 包花生糭、灰水糭及裹蒸糭
關帝誕 ： 沙頭角商舖參與「搶花炮」活動，搶得的花炮會
放於舖內供奉。

六月

小 暑 大 暑

割禾

割禾（第一造）
將禾稈草、芒草堆成草堆，以便冬天用來餵牛。
荔枝收成

祖墳嶺域。

從前梅子林種有不少松樹，是村內的一種經濟作物。村民會將自己種來的松樹砍成柴枝，賣到當年相對繁華的沙頭角。村民表示，沙頭角人主要用柴爐煮飯煲水，但所住的樓房沒有煙囪，不便疏導炊煙。松木耐燒，燒起來煙也少，對他們來說更適合。

梅子林村民所有持有的松山牌，其出現可以追溯至1905年。當時港英政府為安撫鄉民疑慮，刊憲公佈新界植林牌照規則，列明植物及林務部監督及新界副田土官可以聯合向新界鄉民發出農林牌照（Forestry License），又俗稱「松山牌」。它容許持牌者在有關土地上種植和砍伐松樹作燃料或經濟用途，亦可放牧和除草。大部分松山牌由整條村或歸祖堂所擁有，形同公共權益。

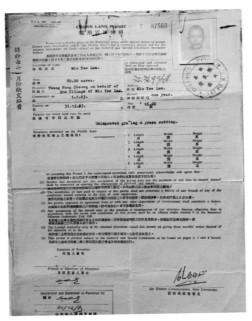

梅子林的「松山牌」
（圖片來源：村民提供）

牌照列明每年可砍伐的松樹總量，不可多於所屬土地上松樹總數四分之一，同時禁止砍伐其他品種樹木。此舉既有助管理新界林木，同時亦維持新界村民使用居所附近山頭的傳統權益。梅子林的村民至今仍續有該牌照及保留相關權利。

摘荔枝回憶。

梅子林入口處有一大樹林蔭，這棵大樹曾經是有名的「東北荔枝王」，據說這棵樹在祖先曾起有立村以前就已經存在。舊時村民經常將牛隻綁在荔枝樹下休息，牛糞令附近土壤肥沃，果實纍纍。村民記得向陽那邊的荔枝更甜一點。每年夏天，是荔枝當造的季節。村內每戶人會先分10斤，剩下的會由村內16戶出價競投，中標者可獨得樹上所有荔枝，也可以分給其他人或到市場銷售。1960至70年代的標價可達200元；最高記錄曾收得13擔荔枝。

堆禾稈草。

稻米是梅子林的主要農作物，稻米脫殼後剩下的秸稈，又稱禾稈草，在農村可謂用途廣泛。梅子林村民會在夏天割禾後，將禾稈草堆成草堆。村民表示，以前除了火水燈外，各樣生活所需的燃料都以雜草為主。除了禾稈草外，他們也會到山頭除草和樹苗作燃料。雖然這些雜草燒來大煙，但村屋廚房有煙囪，瓦片屋頂透氣，故此問題不大。

禾稈草除了作燃料外，亦會留待冬天牧草缺少時，用作牛隻的飼料。至於豬隻，則有賴村內的「鳳眼藍」，它屬漂浮性水生植物，非常粗生，且生長快速，很適合用來餵豬。鳳眼藍會大規模覆蓋水體，阻塞河道，同時抑制其他水生生物成長。用來餵豬，某程度上抑制了鳳眼藍生長而維持生態平衡。

鳳眼藍，村民多用來餵豬。

客
家
糉
製
作
記
錄

農曆五月初五是端陽,更多稱端午。「端」是開端、開始的意思;「午」則是12時辰中的午時,即正午11時至下午1時,是一天中太陽置中最熱的時間,所以端午,就是炎夏的開始,此所謂:食過五月糉,寒衣可入櫃。

梅子林家家戶戶在端午前都會包糉,同樣是糯米與柊葉的組合,一般會分為以花生蝦米為餡料的鹹糉,以及蘸糖吃的灰水糉,而灰水的製作更要結合冬天斬柴選樹的學問。

材料

- 糉葉(從前用村內的柊葉,現在市場上售賣的多為蕉葉。)
- 繩或鹹水草
- 糯米(從前用村內自家種的糯米)
- 乾蔥、蝦米及鹹脆花生(鹹糉用)
- 灰水及蘇木(灰水糉用)

客家糉製作記錄

備柴

餡料切碎備用

糉葉洗淨風乾

糯米預先浸泡

準備及做法

1. 撿拾至少足夠讓灶頭燃燒兩、三小時的樹枝，並劈至合適長度；
2. 預早一天將糉葉用清水白焓至軟化，再洗擦乾淨表面，風乾備用；
3. 預先浸泡糯米，有助縮短烹調時間；至於浸泡時間，村民說法不一，有的指要浸泡一整晚，有的只需數小時，視乎糯米吸水效果。完成浸泡後，晾乾水分；
4. 乾蔥、花生及蝦米切碎，落鑊炒香備用；
5. 所有材料備妥後，安放好位置，方便大家包糉子；
6. 先在一塊糉葉放一層糯米，中間放餡，再鋪上一層糯米，將糉葉兩端折疊，左右各加一塊糉葉包妥兩邊，用繩綁好。正宗客家糉有四個角，狀如枕頭；
7. 將糉子放入大鑊以清水焓熟，需時約三小時。

灰水糍之灰水。

灰水糍是沒有餡料的糯米糰，但重點在浸泡糯米所用的灰水，是村民利用灶頭積存下的柴灰製成的。灰水性涼，做糍可解毒清熱，但不是所有柴灰都適合製灰水糍。

每次開灶煮食後，村民就把灶邊的柴灰儲起。到了4月中，便用柴灰製作灰水。他們會先篩去雜質，留下幼細的柴灰，放在鋪有布的竹籮內，加水過濾。頭一泡水太濃，味道較苦澀，故不取。第二泡則會用七姐誕當日留下來的水，村民指這樣效果會更好。

梅子林村民曾范鳳娣（慶芬嫂）表示，村內曾相傳，灰水性質清涼，可以治病。昔日灰水糍若短時間內吃不完，會將糍切片曬乾，以便收藏。村民往後若因吃油膩食物而肚瀉，可將灰水糍乾再放水翻煮，加蜜糖食用，是為土法止瀉之方。

灰水糍可以蘸糖來吃

蘇木將灰水糍染成紅色

不止灰水可治病，慶芬嫂憶述，村民在立冬後會挑選可以入藥的山草及樹枝作柴用，這包括「山稔、油甘葉、水翁、夏特眼*、山茶葉、練汁麻*、鴨腳麻、龍眼樹及荔枝樹」等多種山草及中小型的樹枝。根據香港浸會大學中醫藥學院的藥用植物圖像數據庫，山稔根可止嘔吐瀉痢；水翁，可治疝氣腹痛；油甘子，則可促進消化健康等，但實質效用已不可考，本文亦未有深究。

山稔，村民在立冬後用來入藥。

端午是炎夏之始，正是踏入「天氣熱、五毒醒」的季節，節慶的本意也有驅瘟避疫的提醒。灰水之傳統，與此吻合，可見灰水糉看似簡單，卻是具有客家農耕文化意義的產物。

* 資料由村民提供，此植物正字未可考，只能以村民的客家話發音找近似的字作記錄

經驗後記。

如今的應節食物都成了高消費品，糭餡料也越出越名貴，人的價值觀就不自覺地傾向了貴價就是好和進步的標準。在這次認識客家糭以前，坦言不會留意沒餡的鹼水糭，更加不曾聽聞灰水糭。不過，從看見村民對灰水糭有份莫名喜愛，如小孩般望著很想食而又內斂地期待的眼神，的確令人多了對灰水糭的好奇。直至慶芬嫂再分享她製灰水的經驗和方法，灰水糭在我們心目中從此不再一樣，它原來是草木精華的載體，本來從小就認識的屈原，如今反成了配角。

村民與義工共同準備包糭材料，是城市人少有經歷的過節熱鬧氣氛。

夏

春聯為：春安夏泰　秋稔冬祥

秋

七月

（立秋 處暑）

七姐誕 盂蘭節

七姐誕：女生拜七姐；相傳當日打的水能醫百病，故村民當日會打水入埕保存，之後身體不舒服時服用。

八月

（白露 秋分）

中秋節

中秋節：做燈籠及放孔明燈／食月餅，村民會以分期付款的形式預先訂購月餅，又稱為「月餅會」／拜月光。

九月

（寒露 霜降）

割禾 重陽節

割禾（晚造）：用稻草餵牛；開始種植雜糧，如番薯、蘿蔔、玉米、花生等。

毛蟹當造：捕捉毛蟹、大閘蟹

重陽拜祖先：重九登高；拜自己祖先及遠祖，要分組，分幾天拜；打銅鑼通知大家拜山；劏豬。

中秋放孔明燈。

中秋節是客家人一年中難得的農閒時間，村民說起印象最深的童年中秋回憶，都離不開放孔明燈。村民日有叔憶述，他們當年放的孔明燈都是自己製作的，他會到果園劈竹，村內叔公幫忙削成竹篾，成為孔明燈的基座與承托架；白色雞皮紙則要到沙頭角購買。孔明燈的大小與用紙量成正比，他第一次試做的孔明燈並不大，用了九張紙，順利升空飄至谷埔；他們後來做過最大的孔明燈，用了32張紙。鐵線及漿糊則購自荔枝窩，後者以生粉加水製成。村民找來舊棉胎作燃料，撕開塑形成棉球，沾上火水點燃，再架在承托架上，熱氣令孔明燈慢慢鼓脹升空。他們後來也越玩越精緻，將穀殼反覆浸火水曬乾，用舊作業簿的紙包著，以鐵線纏好。當穀殼在半空被燒著，便會在半空灑下，況如煙花。隨著法例禁放孔明燈，有關傳統已不復見。

毛蟹出沒。

水井附近的河流，乃是梅子林重要的水資源，也是村民以前日常生活清洗的地方。每逢大時大節村民在河邊劏雞殺鴨，食物殘渣吸引毛蟹來覓食。每年10月是吃毛蟹的時節，村民會到河中捉毛蟹，一籃可捕獲十多隻。

耙黃酒。

客家糯米酒又稱黃酒，似乎是客家婦女都懂的秘技，其製作方法稱為「耙黃酒」。村民指耙黃酒沒有氣候之分，不過發酵時間有別，夏天時間短，冬天時間比較長。基本上時間越長，品質就越好，故一般來說，釀製時間以中秋節後至翌年春季為佳。除了自己飲用外，村內也有「釀私酒」的作業。

秋

客家黃酒製作記錄

黃酒用於婦女產後調理身體食療時，稱作「娘酒」；收藏待女兒出嫁時才喝的，名為「女兒紅」；兒子考得狀元時喝的，就叫做「狀元紅」。放進個精緻雕花酒瓶，便成了「花雕」。歸根究底，都是糯米酒。

秋

客家黃酒製作記錄

材料

- 糯米
- 酒餅，即麴，是促成發酵的酵母
- 水少許
- 米酒
- 玫瑰露

準備及做法

1. 首先準備用來釀酒的器皿，從前梅子林耙黃酒用的是瓶口窄小的大酒埕，如今大家亦可以選用大玻璃瓶。
2. 發酵器皿及工具需要清洗乾淨。村民提醒釀造過程要避免有「手氣」，手氣會令釀的酒變酸。可嘗試理解為保持雙手清潔乾淨。
3. 糯米洗淨，浸泡一晚，隔水蒸熟（如使用電飯煲，則不用預先浸泡）。
4. 將煮熟的糯米倒在大盆鋪平攤涼至室溫
5. 將酒餅壓成粉，平均灑在糯米飯上，拌至均勻。
6. 在飯面灑上少許室溫水，幫助發酵。

將酒餅壓成粉　　**將酒餅平均灑在糯米飯上**

7. 將拌好的糯米飯放入器皿，輕輕封口。
8. 器皿放在陰涼的地方進行第一次發酵。夏天發酵約三天，冬天則六至七天。

客家黃酒製作記錄

9. 檢查發酵的糯米有否發霉,沒有發霉就成功,加入米酒及少許玫瑰露增香。如果想成品的酒精濃度較高,可以加入較多米酒;如希望糯米酒較甜,則加入較少米酒。

10. 放在陰涼的地方發酵,通常直至糯米完全沉至瓶底便可。

11. 糯米完成發酵後,便可裝瓶。先將糯米酒用網篩過濾,得出酒糟,可用來製甜品。濾出的黃酒可以先煮滾放涼,中止繼續發酵,再用漏斗裝進預先消毒的小酒瓶,這樣可以保存更久。

客家黃酒醇厚甜潤,用途廣泛,可以招待親朋、禦寒暖胃、增強體力、產後進補。黃酒也可以入藥作藥引,《本草綱目》有指:「諸酒醇醨不同,惟米酒入藥用」。米酒即是黃酒,它具有通血脈和腸胃、潤皮膚、養脾氣、護肝及除風下氣等治療作用。

客家菜也少不了用黃酒入饌,它可以提香、辟腥、解油膩,其中的傳統客家名菜就包括黃酒煮雞。

客家黃酒雞

經驗後記。

如今食譜多提供食材分量供讀者參考，但跟村民學菜，特別鄉村習慣做大分量菜式，的確沒有人會清楚告訴你每個步驟的每樣食材分量是多少，因為真的可多可少，悉隨尊便。只要各食材在烹煮過程產生到合理化學反應，其實都沒有錯。

例如煮糖水的糖和水比例，是邊煮邊試，不夠甜就加糖，太甜就加水；開糯米粉漿時，也是邊落水邊攪拌，攪拌至認為合適的濃稠度便可以；蒸煮糯米應否前一天放水浸透，還是只浸兩三小時，或是不用浸？往後的做法不同，預備功夫也不同。至於釀酒時糯米與酒餅的比例，天冷時可以一斤糯米一粒酒餅，天熱時則可以三斤糯米放兩粒，也有人兩斤才一粒，的確不單只各處鄉村各處例，同一鄉村其實也各施各法，烹飪肯定是世世代代終身學習。

或者，要延續非物質文化遺產，需要的很可能是一個可以讓該習俗有機地發生的客觀環境，讓人們在其中可以年年歲歲作為生活的一部分互相學習和分享。純粹記錄某家某人的方法，其實都只是萬中之一的一個可能。

沙頭角內的公眾街市，仍然可以找到客家傳統食材，非常豐富。

十月

立冬小雪

冬來前　勤工作

十一月

大雪冬至

冬至　斬柴

賣柴：出售作燃料*，村民有時也用柴火煨番薯
* 1970年代起便停止賣柴，村民改用火水作燃料
冬至：劏雞殺鴨酬神

十二月

小寒大寒

摘年桔

摘年桔：預備於農曆新年出售
摘冬柑

醃製食物。

大多數的農耕社會都有醃製食物的傳統，可保存供全年食用。鹽分高味道濃的醃製食物，對於以米飯做主糧的農耕社群，是配送白飯的佳品，吃下更多白飯，就能補充足夠碳水化合物，支持農耕勞動所需的體力。同時，蔬菜多在秋冬季種植，醃菜也讓人全年有菜可吃。

梅子林鹽醃的食物，就有芥菜、蘿蔔等；還會醃鹹魚，所用的魚種就以「池仔魚」為多。

摘年桔。

梅子林曾經盛產梅子，但到了1960至70年代，本地市場對年桔需求甚大，桔樹便成為梅子林主要銷售的農產品。每逢新年前，村民會把年桔修剪成連枝帶葉的對桔出售，加上對聯、芹菜等，在新年時作拜神之用。當年梅子林的年桔可以賣到一磅20多元，有村民的收成高達13萬元。每到梅子林年桔收成期，村民都會請工人採摘年桔，先送抵荔枝窩，再運輸出市區。自從內地改革開放後，年桔出口增加，梅子林的年桔生意因而式微。

村民近年重新打理桔樹

供水系統與清理水塘。

水源，是人們選址定居的關鍵因素，是鄉村的命脈。梅子林左右各有山溪，水流徐徐而下，其中南面較近屋地的兩條山溪，是村民較常取水及清洗的地方。

灌溉方面，據村長所述，村民早年會架接麻竹，將山水引到最高的一塊梯田，溢出的水便層層沿引水道向下流，注滿了水稻田。他們會在部分梯田加建稱作「碑頭」的小型蓄水池，方便灌溉農田，是為鄉村最原始的供水模型。

梅子林於1960年代初，在理民府資助下，自行興建水塘，以最基本的原理和結構自行集水供水，同時亦在村內引入了供應山水「自來水」系統。梅子林的供水系統，主要是在屋地以上位置興建集水的水塘（如大水缸），水塘的出水口設有簡單的過濾網，主水管會接駁至村內，在上巷兩旁各設一個水龍頭，供村民使用。不過，儘管增建了水塘，村民指其後的水量也有不足之時，令村民間有小爭執。

時至今日，梅子林已是香港少數仍維持自行接駁山水供應的地方，是香港社會早年水務系統尚未完善時的典型模式。至於清潔及維修水塘，則成為村民每年（至少）一次的集體行動，共同治理村內的共用設施，鄉村組織有如一個小社會。清水塘的工作，就包括放水後洗擦水缸、更換濾網及清理防落葉網等，都是供水系統的基本維護。

香港99.9%的人口都是由水務署供水，其中七成以上的食水是來自東江水；梅子林雖然目前沒有常住居民，但部分村民每周回鄉，洗滌煮食用水仍然要「自己食水自己收集」，村民亦因而小心維護水塘，避免受到污染，一般亦不會告訴外人水塘的確實位置。

梅子林的供水系統雖然看似原始，但其實系統佈局上已採用了引力自流原理。香港最早期發展的水塘及供水系統(如薄扶林及大潭水塘)，同樣是採用引力自流，簡言之就是善用水向低流的自然規律。只是往後香港人口膨脹，集水所需的規模越來越大，香港沒有足夠面積的高地山谷，才發展位於低地海旁的水塘，隨之便要使用水泵推動輸水，耗電量大增。如今在梅子林，還是可以看見人們最基本的水利建設，也難得這裡的水質不壞，透過沉澱（將水靜置一段時間）、簡單過濾，經煲水消毒後，仍可食用。這些淨水程序，與現代化操作在原理上相同，只是後者標準規格更高而已。

村民同心協力清理水塘

其他

其他

人畜共處。

村民說以前飼養豬、牛、雞等禽畜，亦有養蜂採蜜；同時，野生動物更不計其數，金錢龜、箭豬、穿山甲、果子狸都有，更早年代，沙頭角山頭甚至出現過老虎。

1950至60年代，村民將當時部分空置的樓房改為牛舍及豬舍，而當時的豬牛，日間可以在村內自由走動，日落天黑前，牠們又會自行返回房子休息，懂得日出而作，日入而息，知道自己的居所位置，甚有人性。

糞寮之真 零廢生活。

現代化生活要朝向零廢模式，最厭惡的一環很可能是排泄物的循環處理，不過農村昔日使用旱廁，無論是人還是動物，其排泄物都是有機，而且無混雜紙巾之類的垃圾，可以重回泥土成為肥沃資源，所以梅子林內劃有「糞寮」，以儲存資源。村民指，昔日如廁後，會以炭灰覆蓋排泄物，放糞寮待發酵備用。

十年一次太平清醮。

梅子林所屬的第九約慶春約，與第八約南鹿約（南涌與鹿頸等村落），是沙頭角十約當中少數仍然保留十年一屆太平清醮的鄉約。慶春約最近一次舉行的太平清醮為2019年，打醮的主要目的在於潔淨社區，祈求風調雨順，同時超度亡魂。醮期一連四天都設有日間法事，中午素筵，晚間粵劇的儀式，過程中除了道教的科儀（泛指道教的戒律、規範、禮儀等），還有接送吉澳的天后、各村來訪客家麒麟及醒獅、在戶外空地上搭建粵劇戲棚、儀式及齋期完結後的九大簋筵席等，很多環節都屬於非物質文化遺產。同時，十年一次的打醮亦為慶春約村民提供聚首一堂的難得機會，平日寧靜的鄉村，熱鬧足一星期，村民遊人都能感受強烈的儀式感。

上　接天后儀式
下　齋期完結的九大簋筵席

村地有名堂

前文提及梅子林由兄弟兩房家庭繁衍開來，往後隨著人口增加，無論是村屋還是田地，都要重新分配安排。兩間對望的客家大宅，逐代逐代分間成一間間小屋；漫山的梯田，同樣越分越細。由於地勢、土壤等不同，田地還是要盡量平均分配，務求人人都有好田可耕，於是大家分到的田通常都散落村內各處，肥瘦參半，村民日常務農就難免要通山跑。《昨日世界：找回文明新命脈》一書提到秘魯安地斯山地區的農夫，每戶平均有17幅土地耕種，彼此距離甚遠，在這分散耕種的狀況下，即使某些田地收成欠佳，還有其他土地可能較理想，可說是分散風險的考慮。

從1963年的航空照片可見，梅子林昔日田地範圍比今天的大很多。村內雖然沒有路牌，但每個地方都有名字，部分名字的正字未可考，只能以村民的客家話發音找近似的字作記錄，但大部分地名的意思似乎都和地形有關。

根據村民的記憶及描述，研究團隊嘗試記錄及整理，並以右圖。

1963年的梅子林

航空相片版權屬香港特區政府，經地政總署准許複印，版權特許編號19 / 2022。

梅子林各地方名字

1. 涌窩	9. 高石壆	17. 橫坑凹
2. 峒仔	10. 唔度下	18. 水井凹
3. 二峒	11. 對面	19. 孔明燈發射場
4. 大窩堂	12. 水油山	20. 上巷
5. 操水窩	13. 圓坑洞	21. 下巷
6. 上棚頂	14. 彎舊	22. 橫頭街
7. 下棚頂	15. 算面排	23. 水塘
8. 橫州窩	16. 杉窩口	24. 街喉

梅子林各地方名字及其意思

1. 涌窩
在河流旁一個能儲水的位置

2. 峒仔
前人在村的後山有意識地植樹，成了風水林，可以阻擋山洪暴發對村屋造成的破壞。風水林之上的位置是「峒仔」，有前人留下來的治水措施。據村民描述，暴雨時山上有洪水瀉下，流到峒仔位置左右，前人便挖了一個約四尺深、五尺闊的深坑。每逢大雨，水流至此便循深坑流去，匯合到水井凹；另一邊則跟著牛路，亦慢慢沖刷形成沙坑。如此後山的雨水便循兩邊流走，似是引流治水的方法。

3. 二峒
峒仔沿路再上的另一位置

4. 大窩堂
二峒再向上的位置，是為大窩堂。（位置超出圖片範圍）

5. 操水窩
村內其中一條河。傳聞曾維茂年代，這條河沿路都種滿水榕樹，樹根將水儲起，風水學上有聚財意思，亦有鞏固河岸作用。

6. 上棚頂
村屋東南面一個較高位置的梯台

7. 下棚頂
村屋東北面另一個梯台，較上棚頂為低。

8. 橫州窩
不詳

9. 高石壆
因應地形不同，開墾出來的梯田不盡相同。這裡的石砌田基高度差異特別大，約有兩米高，故名為高石壆。

10. 啱度下
村屋正前方的大片梯田，客家話意思大概是「啱啱喺條村下面」的意思。

11. 對面
位於村的正對面

12. 水油山
地勢陡峭，操水窩的河水在此向下流。前人在這裡種了一棵大榕樹，風水學上是要堵塞水口，免得財利漏走。榕樹生長力強，根部強壯可抓實泥土，形成天然護土牆，村民指這裡多年來沒有出現過山泥傾瀉。

13. 圓坑洞
村前右方的風水林，亦即「左青龍、右白虎」中的白虎。風水學上，這邊的樹要較左邊的樹矮。這裡的樹並非原生品種，村民指是前人特別挑選，當中主要有「包理桐」、慈樹、松樹、樟樹及黃芽桔樹為主，都是長得高大筆直的喬木，每逢吹東北風，風水林都有助擋風。

14. 彎舊
正是進村前荔枝王樹下的那個大彎位，這步道的走線是昔日避開重疊私人農地所致。

15. 算面排
不詳

16. 杉窩口
村民指可能以前種了很多杉樹，因而得名。村長說以前村民起屋不用買木材，屋內橫樑全部都是自己村種的。

17. 橫坑凹
村內其中一條河，流到村附近成為村民以前洗滌的地方，又稱「洗衫湖」。

18. 水井凹
村內其中一條河，流到村附近成為村民打水作日常生活用的地方。

19. 孔明燈發射場
農村昔日都喜歡放孔明燈，村民指成功關鍵之一是發射地點的選址，如附近太多樹，孔明燈升空時會有機會被樹纏著焚燒，所以這個較空曠的位置有助孔明燈順利升空。

20. 上巷
梅子林最先建的一排村屋

21. 下巷
約在1900年代以後陸續興建的一排村屋

22. 橫頭街
1900年代新界最早的地圖已出現這列房屋，但座向與上巷其他屋並不一樣。

23. 水塘
建於1960年代初，與村內的自來水同步出現。

24. 街喉
梅子林山上的水塘接收天然山水，再透過水管引入村中直接使用。村民可以在上巷兩邊的水龍頭取水。如要自來水入屋者，則需要自行聘請水喉匠安裝。

村人往事

有雞先定有蛋先？不知道。
但鄉村，一定是先有人，才成村。

梅子林由360年前兄弟兩房家庭的小天地，經歷了十多個世代繁衍至今，村內家家戶戶都可說是叔伯兄弟姐妹，同鄉便是同根生，一族人就是以地方為憑。這祖宗同源的關係對無根的城市人來說，遙不可及。往後要是遇上同姓朋友，都可以懷疑跟對方數百年前是一家，只是無從確認。

這條村如今留港的村民不算多，更沒有村民留住在村，這裡的生活設施因房子日久失修而變得非常有限，恢復供電亦只是近三年的事。儘管村民對家鄉充滿熱愛和歸屬感，但也只能每逢周末才相約一同僱船，再登山走500米回鄉。假日在村內常相見的村民約有10餘人，這兩三年間也召集了一些熱心的義工，成了梅子林之友，增加了勞動人力，一同除草和協助建設，嘗試慢慢重構農村景觀。雖然人力不及這裡大自然的滋長速度，但村民、義工，以及推動復育工作的團體，近兩年間也有愉快難忘的時刻，更享

受偏遠地區所包容的自由。電話通訊軟件開設了以「梅子林之友」為名的群組，數十人每天也互相慰問和分享，梅子林風光美景的長輩問好圖天天新款，也建構了一個溝通相當緊密的社群，絕對是一股難得的能量。

梅子林村民對來訪者確實非常友善，不論是較年長或年輕的，都很願意接受新朋友和新事物，令梅子林成了友誼之鄉，正常以禮相遇的，大都來者不拒。同時，這兩年在村內亦出現了幾個鄉郊保育資助計劃項目，為梅子林帶來了復興的希望，但同時也因為萬事起頭難，也帶來了不少保育詮釋、設施緩急優次，甚至公益何價等課題的思考，各方都在互動中學習，這亦是凡初創之事，最值得沉澱消化的部分。

這章要記的不盡是個人的故事，而是村民作為鄉村的主人，鄉村傳統秩序的過去實踐者和見證人，他們的信念和期望，可如何承傳與建構這村的未來。

曾玉安村長

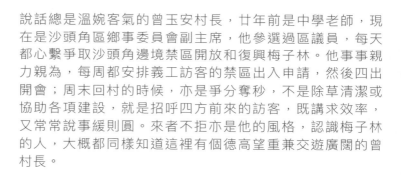

說話總是溫婉客氣的曾玉安村長，廿年前是中學老師，現在是沙頭角區鄉事委員會副主席，他參選過區議員，每天都心繫爭取沙頭角邊境禁區開放和復興梅子林。他事事親力親為，每周都安排義工訪客的禁區出入申請，然後四出開會；周末回村的時候，亦是爭分奪秒，不是除草清潔或協助各項建設，就是招呼四方前來的訪客，既講求效率，又常常說事緩則圓。來者不拒亦是他的風格，認識梅子林的人，大概都同樣知道這裡有個德高望重兼交遊廣闊的曾村長。

記憶中，大概是五、六年前，筆者在網上為一些學生尋找及安排本地秘境作暑假遊學地點，簡單的關鍵詞搜尋就找到了他的電話，談上幾句，他就直接邀請及協助安排遊學行程，而且是無償的接待與導賞，陪伴數十學生走了大半天的行程，這種對相識只有兩三分鐘的陌生人也如此熱心，確實叫人難忘。功德是積來的，大概這亦是梅子林能海納百川的原因。

曾玉安村長在梅子林出生，在荔枝窩村小瀛學校唸小學，年紀稍長，則每天日出前走路到谷埔，再乘船到大埔返學，有農村的童年回憶。往後他遷出到市區居住，畢業後當上老師，一輩子都在香港生活，並沒有如其他村民般往海外發展。他常常期望鄉村有一天可以追上時代，現在每天都給村民和義工發鼓勵的訊息，意志相當強大。村內保留最古舊及最具規模的夯土建築村屋，他家佔當中一部分；能保留老屋部分原形，亦能重建其餘，讓古建築活化作更多公眾活動及展覽，是他的心願。

偉清叔

梅子林至今立村361年，累計的子孫有14代，曾偉清（偉清叔）屬第9代。在經常回鄉一眾村民中，他輩份最高，家中還有百歲的母親。偉清叔是家中的么仔，自小就跟隨當村長的父親四處走，聽過不少故事，對梅子林的歷史瞭如指掌。偉清叔的村長父親，昔日喜歡在晚間飯後，坐在屋前話當年，有空的村民和小朋友都圍坐著聽，似乎就是口耳相傳的承傳意識。偉清叔喜歡讀歷史，更信風水，一說話就如滔滔江河。他對人有要求，也會表達欣賞，是均真坦白的人。

他常回到村打理果樹，也試過大顯身手煮雞粥、煲糖水，讓一眾義工朋友大飽口福，以示慰勞。村民每次回鄉總把握時間打理農務村務，村內上下巷來來往往的剎那停步相遇，或午後小休時間，大家閒談數句，故事就一點一滴從他口中道來。遇上他心情好、信任你，更樂於分享珍藏，例如那手抄本的梅子林族譜，上面清楚記載曾氏歷代子孫及祖先葬地，過去如傳說的模糊歷史，就因人物和時代大事的對照而立體了。又如那張上三代叔公百多年前攝於美國的照片，雖然舊跡斑駁，但相中人穿上筆挺西裝，襟前扣著一隻陀錶，衣著身份就豐富了先輩為擴村建房在外打拼的故事。

如今偉清叔家裡仍然張貼著梅子林的舊照，他雖離村外居多年，但不時回味梅子林的味道。每次見到偉清叔，總帶備一壺茶，一隻紫砂茶杯，是他的生活品味。原來從前家家戶戶都會在田邊種植茶樹，供自家飲用，可惜他家昔日的茶樹群現已淹沒在森林中，早前偶然找到兩棵，他嘗試打理，期望可以再次開枝散葉，產出梅子林的山茶。他對種植有些古法，間中會帶大家見識一下。在鄉村生活慣了的長輩，身手特別敏捷，登上果園的路並不平坦，但他總是健步如飛，如其思想跳脫，晚輩跟上要用心用力。

日
有
叔

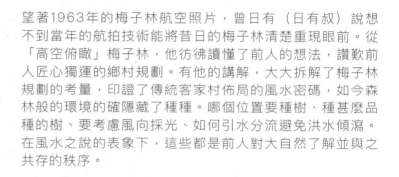

望著1963年的梅子林航空照片，曾日有（日有叔）說想不到當年的航拍技術能將昔日的梅子林清楚重現眼前。從「高空俯瞰」梅子林，他彷彿讀懂了前人的想法，讚歎前人匠心獨運的鄉村規劃。有他的講解，大大拆解了梅子林規劃的考量，印證了傳統客家村佈局的風水密碼，如今森林般的環境的確隱藏了種種。哪個位置要種樹、種甚麼品種的樹、要考慮風向採光、如何引水分流避免洪水傾瀉。在風水之說的表象下，這些都是前人對大自然了解並與之共存的秩序。

日有叔口中的梅子林，曾經盛極一時。第4代祖先曾維茂，曾經在鹽田、深圳與塔門收集漁民的漁產曬乾加工，賺到錢後，除了周圍買田買地，也買來大麻石，一塊塊由荔枝窩鋪路上梅子林。後來有的被人搬走，用來做橋板、建果園，也有些在修路時被石屎埋藏。目前在村內該留下不少證據，就如老屋門口的大麻石條，這亦解開了初見老屋夯土牆旁較人更高的大石從何而來之謎。

日有叔的童年都在梅子林度過，直至15歲才離開香港，到英國工作。雖然他大部分時間人在外地，卻經常想起兒時在梅子林的生活，如今生活穩定了，每年也盡量回港回鄉，只是這兩年受疫情影響才推遲了時間。雖說當年生活貧乏，但農村物質從來不缺，無損小朋友玩樂興致，玩意隨意發揮。「我哋玩得好過癮㗎！」他說起製作孔明燈，眉飛色舞，由起初動手試做一個小燈，到後來越做越大越花巧，他們做到最大的是32張紙的規模[1]，要多人分工合作，朋輩集體研究與實驗，挑戰極限。玩到極致，還綁上一包滲滿火水的穀殼，在孔明燈升到半空時燒著穀殼，在漆黑夜空灑下如火屑，是小朋友的土炮煙花。

雄哥與雄嫂

1960至70年代，在村內度過童年的一輩村民中，曾傑雄（雄哥）是較年輕的一個。那個年代的香港，開始經歷高速城市化。從雄哥家村屋找出來的器物中，見到他年輕時新派思想的一面，同時也反映那時的鄉村正在一點點吸納市區的生活文化。雄哥說，他11歲左右到市區玩，特別喜歡上茶冰室，喜歡西式紅茶與多士，喜歡那點西化的氣氛，所以年紀輕輕便在鄉村家添置了茶冰室的西餐具全套，也買了棵有閃燈的聖誕樹放在家裝飾。

雄哥到了15歲，家人便給他買了機票往外地，輾轉到了英國找機會，後來更在當地經營餐館，這兩三年間才回來香港。或許是自小對飲食的喜愛，他對烹飪也特別有要求和落力，每次在村重塑習俗美食，他定都出手指導。又記得前兩年的農曆新年，大家在當時設備未足夠的村內煮食，人多時連切菜切肉的砧板都欠奉，於是他便走到林間找棵塌樹，隨即就鋸一段出來給大家做座地砧板，枱也省了，展現出快手快腳的執行力。天大地大，物盡其用，只要用得其所，工具原來如此簡單。他亦很著緊村內的秩序和衛生，如今來村或工作或郊遊的人多了，投入村內的公共資源也多了，是否應該最先解決廁所的問題呢？他提出合理的疑問。

至於雄嫂，她不諱言自己在城市小康之家長大，父親深諳中醫藥，自己也是護士。她分享數年前的舊照，見略施脂粉的俏麗。10年前，雄哥說帶她回家鄉走走，於是二人拍著拖從烏蛟騰徒步入村，那是她第一次到訪梅子林。雖然當時杳無人煙，但見周圍都是牛，感覺很新鮮，也很喜歡。

多年來，雄哥雄嫂在英國開餐館，生活忙碌，直至這兩年回港，才經常在村內走動。是次研究期間，我們邀請村民教導製作傳統節慶食物，無論是包客家糭、蒸年糕，雄嫂都興致勃勃地學習，不為別的，純粹因為「嫁雞隨雞」。她學習很快上手，客家糭三兩下已包得似模似樣。從其大姑子（廣東話即姑奶）桂英姐處學做酒釀，有了經驗心得，她也樂於與人分享，是個城市人轉化的梅子林嫂子。

大強哥

高頭大馬的曾國強（大強哥），初見時的確有點氣勢，明顯是個鐵漢，而鐵漢的溫柔在廚房，也在他看見意見不盡相同時仍穩住支持的正面態度。

一進村，在入口大路登上村屋用地的上巷，有幢獨立置於一旁的房子，那邊叫橫頭街，就如梅子林的接待大門。房子在超強颱風山竹過後塌下屋頂，但仍留下方方正正的外牆，其後畫家葉曉文畫上了色彩鮮艷大大隻盲婆雞，壁畫從此成為了沙頭角區鄉村一道聞名的風景地標，是遊人的打卡勝景。大強哥和弟弟就是這家屋主，他這幾年間的確親身在場感受到原來荒廢破落的環境，一步一步走來的變化。鄉村有了新氣象，他是肯定的。他說：「當初不是因為同意讓房子外牆畫壁畫，也不會走到今天。」

這房子處於最當眼位置，清理塌方時這屋出土的文物最多，連別家的東西都不知何時被搬到這裡，但這屋正是一瓶梅子核乾出土之處，為梅子林之名提供了文物證據。這裡也找到數十年前烈酒VSOP級的干邑白蘭地酒瓶，當時大強哥很興奮地告訴我們，這酒在當時很貴重，連酒瓶也要珍而重之。他個子大，中氣自然夠，他著力叮囑我們要小心保存，我們聽得到那回憶的分量。

又記得我們為預備包糭主題的公眾活動，需要一連兩天預備，有義工甚至留村過夜幫手打點各樣物資和流程，大強哥本來說事忙第二天不參與，翌日卻準時在碼頭出現，還帶備了提前在家打碎的客家糭餡料，說擔心大家備料不足；又試過淡然地走到廚房給義工炒米粉做午餐，這都是他表達關心的方式。面對復村困難之路，縱有不完美之處、未知數，以及複雜政策分析，他仍保持積極投入的態度，對外來者也有包容，這其實正是共同面對困難時好伙伴的特質。同時，他亦擔心村屋後斜坡的安全問題，從前斜坡與村屋之間有些距離，未來這亦需要正視。

細綝哥

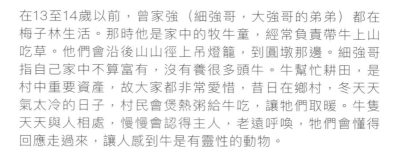

在13至14歲以前，曾家強（細強哥，大強哥的弟弟）都在
梅子林生活。那時他是家中的牧牛童，經常負責帶牛上山
吃草。他們會沿後山山徑上吊燈籠，到圓墩那邊。細強哥
指自己家中不算富有，沒有養很多頭牛。牛幫忙耕田，是
村中重要資產，故大家都非常愛惜，昔日在鄉村，冬天天
氣太冷的日子，村民會煲熱粥給牛吃，讓牠們取暖。牛隻
天天與人相處，慢慢會認得主人，老遠呼喚，牠們會懂得
回應走過來，讓人感到牛是有靈性的動物。

因為兒時與牛作伴，細強哥有一段時間不吃牛肉。直到如
今在山間或在村裡遇到牛隻，他都會視之為朋友，希望遊
人來客可以尊重牠們。「大家都是偶然來村，但牛隻卻是
好幾代，天天在這裡生活。路上遇到牠們，為甚麼就不可
以等一等，讓路給牠們慢慢走，反而要驅趕牠們呢？萬一
牠們失足跌斷腳，是足以送命的。」他回憶小時候在梅子
林，有些牛仔跌斷腳，村民就會將牠們賣給駐邊境的英
軍，讓他們用來做食材，有點無奈。

細強哥認為農村應該要有牛，因為牠們是農村生態的一部
分，也可以與人共存。從前如是，現在也可以如是。對於
梅子林的復育方向，細強哥認為鄉郊的保育計劃應該包含
牛隻在內，善待區內的牛隻。

他也很懷念昔日村前梯田旁那個小水池（磡頭），那時養
了鴨子，牠們在池中暢泳，很有朝氣。他曾有天忽發奇
想，嘗試自行開掘那個已被塌坡填平的磡頭，可惜掘了一
會，覺得太難，就放棄了。他心裡也有一個回復鄉村舊貌
的心願。

曾桂英（桂英姐）自小在梅子林長大，昔日鄉村生活對於那時的她來說，沒有選擇，也並不愜意，「以前不太喜歡住在這裡，覺得被困住。耕田生活很辛苦，終日只有工作，又要看牛擔草做餐饙。」20歲出頭，桂英姐便嫁到谷埔，後來隨家人移居外國，住了很多年，近年才回流返港。

桂英姐近年幾乎每星期都回村一次，打理桔仔樹，「初初回港很少返梅子林，這裡又沒有人住，荒山野嶺，上來幹甚麼？」直至後來義工多了，有不同項目和活動，認識不同的人，熱熱鬧鬧，回村的感覺便不再一樣，「年紀大了再回來，又會憶起從前年輕時的種種，又好似幾開心。」2021年的端午節，梅子林重新開灶，性格較斯文內斂的桂英姐，是次要擔大旗教大家做客家糉，小朋友包糉甩甩漏漏，她笑說第一次都是這樣，不與後生一輩分享，很多東西就會失傳。正因為她的溫婉，手忙腳亂的參加者（和工作人員）也沒有失手的尷尬。

在一個已經沒有常住人口的鄉村，想重演一次傳統習俗，並不容易，例如做灰水糉，現在看來涉及非常繁瑣的步驟，桂英姐說從前是日常，「以前鄉下人根本就燒柴煮飯，要做灰水糉很容易。儲起柴灰，端午節前約一個月，便開始做灰水。」現在廚房不開灶，也不會為了要柴灰特意燒柴。文化承傳到了這一步，的確有其限制，退一步是舊式街市如今尚有一樽樽灰水出售，靠著村民的記憶，很多傳統背後的精神仍然可以記錄下來。

皇天
不
負

陳淑芬（皇友嫂）本身是馬灣村的原居民，也是客家人，後來嫁到梅子林，成為梅子林嫂子，近年很積極投入村的活動。她熱情，也很關心人，曾特意分享清肝消炎的草藥。她和桂英姐也常常在入村時帶來茶粿，或各種預備好的美食，與村民和義工分享，她會很大力的叫你要吃，讓人溫暖。

皇友嫂很能幹，這在她參與各樣體力勞動工作時表露無遺。梅子林後山有個水塘，每年需要至少清理一次，爬入塘內清擦塘壁，過程中爬高蹲下，又要大力洗擦，有時天氣炎熱，但皇友嫂就是不辭勞苦，體能不遜於年輕男士。那次見她落力得要大家叫她停手休息，的確是奇女子。

皇友嫂家的房子在下巷靠近廣場的位置，受山竹吹襲後損毀也嚴重，她如今將屋地開放，供建設社區廚房，讓村民義工多一個地方休息、燒飯。梅子林位處半山，久留就必須解決飲食問題，社區廚房的概念因此而生。

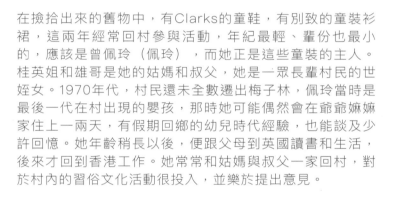

在撿拾出來的舊物中，有Clarks的童鞋，有別致的童裝衫裙，這兩年經常回村參與活動，年紀最輕、輩份也最小的，應該是曾佩玲（佩玲），而她正是這些童裝的主人。桂英姐和雄哥是她的姑媽和叔父，她是一眾長輩村民的世姪女。1970年代，村民還未全數遷出梅子林，佩玲當時是最後一代在村出現的嬰孩，那時她可能偶然會在爺爺嫲嫲家住上一兩天，有假期回鄉的幼兒時代經驗，也能談及少許回憶。她年齡稍長以後，便跟父母到英國讀書和生活，後來才回到香港工作。她常常和姑媽與叔父一家回村，對於村內的習俗文化活動很投入，並樂於提出意見。

習俗文化，的確可以跨世代承傳，習俗與環境有關，村內空間可以分工協力採摘植物素材，可以在屋前備料，可以輕鬆與不同的人溝通，有學不完的習俗之事。相信文化承傳，既是一個目標，也是一個手段，讓下一代有尋回村人身份的路徑。

慶芬嫂

慶芬嫂是嫁來梅子林的嫂子，近一年才從外國回港，但在
梅子林之友的通訊群組中，常常提供意見。客家美食是慶
芬嫂的強項，她不僅會做，也能解說，往往很快就可以提
供豐富的資料。前一章提到的灰水糭之灰水和糯米釀酒，
便是多虧她補充了中藥角度的資料以及相關工序，令我們
茅塞頓開。她更把復村的心願付諸實行，這年間開展了村
屋重建，以行動表達支持。

結論：遇一個上一課

偉大的小說故事需要立體的人物設定，現實生活中，每遇到一位新朋友，其實都給你立身處世的啟示。梅子林村民待外來人的好是可以肯定的，他們亦構成了這條村的性格和特色，讓梅子林成為鄉郊保育課題的焦點。

過去兩年與村民交流的過程中，我們深刻明白鄉村昔日運作的秩序，文化習俗與自然環境的關係，體會到村民過去生活無損環境並與之共存的精神，以及定期打理鄉村的需要，所以鄉村需要人，有人才是鄉村。

另一方面，本章旨在反映村民對復村抱有一定期望，所著眼和描述的或有不同，而這些期望與政府以資助形式落實的新自然保育政策，又可如何共存呢？這將留待在往後章節逐步探討。

註

1.　孔明燈唯一要購買的材料是紙張，而孔明燈的大小會以外圍用紙多少來計算；30多張紙應屬中規模。

第二章

拾遺探古

拾遺探古 與復修

與大部分香港人一樣，我們都習慣了在高度城市化下一應俱全的消費環境中生活。偶然走進逾300年歷史的荒蕪鄉村，見到樓房崩塌只餘前門立面牆垣，上面卻又貼著一對對鮮活艷紅的春聯；偶然又遇上明末清初落難都督的十數代傳人，向我們述說先祖心懷反清復明之志的故事，加上網上流傳穿鑿附會的靈異事件……眼前的慶春約七村確實令人充滿了時空穿越的想像，這亦推動我們去開啟這扇探古追昔的大門。

慶春約七村中的梅子林，是曾黃二姓客家族群的發源地，與新界不少村落一樣，也面對香港城市發展被邊緣化的命運，至1970年代，村民為了生計，陸續離開家鄉，有些搬出市區，更多的後來遠赴海外。他們大概沒有想過，從此少小離家老大回。和村民想當年，他們年少時離開，的確不曾有時下人們要斷捨離清空一切的想法，因為他們有個世世代代的家，所以只簡單收拾細軟，就關門上鎖，留下一屋傢具器物。然而，鄉村一旦無人，大自然就接手管理。失修的村屋倒塌，就埋下他們的生活痕跡。其實，村內建築出現嚴重崩塌，都不過是2018年超強颱風山竹襲港時的事，距今不遠。

撿拾行動緣起

另一方面，受惠於近年荔枝窩的復耕及復育活動，梅子林亦引入壁畫粉飾，增設故事館場地，加上鄉郊保育資助計劃投放資源等，都大大增加外界對這區的關注。再者，受新冠肺炎疫情影響，本港大部分娛樂及康樂設施暫停，前往荔枝窩及鄰近村落，包括梅子林的本地旅客亦因著這裡知名度提升而明顯人數激增，今天的梅子林亦可謂蓄勢待變。

理論上，鄉郊保育應朝「可持續發展」方向並秉持相關原則，致力尋求環境、人文，及經濟三方面的平衡，每個鄉村邁向新一輪變遷或許都面對相同的挑戰，即如何達至（一）：吸引恰當的人流，創造足夠經濟條件，支持地區各基礎設施配套；同時又盡量維持（二）：當地的生態及文化資源不致構成不能逆轉的破壞。其中（二）其實就是保育所需預視的「變遷管理」（Managing Change[1]）。

較原始的農村生活環境，往往離不開順應自然的環保觀念演繹，理解鄉村的生活文化，其實亦能輔助高生態價值地點的環境管理工作，鄉村文化保育工作的目標大概可以擬定為：

> 發揮當地獨有的文化資源來吸引恰當的人流，從而創造足夠可持續發展的經濟條件，並就文化資源可能出現的變遷，甚至破壞，盡早提出適切的管理方法。

在一切轉變之前，其實更值得問甚麼要先穩住和保持不變。如何管理梅子林未來的變化，是需要建基於對梅子林文化價值的了解（Understand the Place）。

在研究初期，關於梅子林的資料及文獻記錄非常有限；至於在港為數不多的村民，亦因為留村年月短，而且時隔多年，對舊事難免印象模糊。於是，從塌方下的器物入手，便成為認識梅子林歷史及生活文化的重要線索。各式生活器物散落村內，亦是明顯不過的文化資源，它們有助重塑古村的故事與生活空間，讓人認識到它與所處的自然環境的關係，進而擴闊至區域歷史、經濟網絡及貿易路線。小心撿拾清理、查證淵源、恰當的整理及收藏，是對村民文化身份的理解與尊重，也是「梅子林舊物撿拾行動」出現的原因。

香港古代：1800年或以前

考古學，是指對過去人類社會的研究，因為超越了當代人的見聞，一般只能以古老遺物作切入點去考究，而古物挖掘正是考古學中很常用的研究方法和過程。古村文物散落一地的情況，在香港新界不少鄉村時有見聞。按政府1973年最後修訂的《認可鄉村名冊》記錄，香港獲認可的鄉村[2]共有642條，而本地鄉村歷史又往往上下幾百年，鄉郊文物保育可以是一個很龐大的議題，當然地區也要看緩急先後。

根據香港法例第53章《古物及古蹟條例》，「古物」（Antiquity）和「古代遺物」（Relic）均有其定義。所謂「古代」，就以1800年（清朝嘉慶五年）為界，在此以前的「人為建立、闢設或建造的地方、建築物、地點或構築物或該等地方、建築物、地點或構築物的遺蹟或遺存」，以及「人為製作、塑造、繪畫、雕刻、題寫或以其他方式創造、製造、生產或修改的可移動物體；或化石的遺存或壓痕」等，不論是否已於1799年後予以修改、增補或修復，都是受法例保護的文物。

同時，法例規定市民若發現「古物」或「假定古物」，均需要向主管當局（即發展局局長）即時報告。不過，所謂「發現」，是指在任何地方，包括私人土地及構築物，其擁有人以往並不知道該古物或假定古物存在，才算是「發現」。因此土地持有人自己擁有的就算是遠古的古董，都不屬法例所指的發現古物。

荔枝窩曾有古代陶瓷片出土

法例亦規定任何人如沒有主管當局批出牌照，均不得進行古物挖掘，所以專業考古的門檻很高。主管當局除了因工程而進行環境評估或搶救發掘外，每年批出考古發掘牌照的次數非常有限，這可說是一種保護態度。在1990年代，因應「新界餘下偏僻村落供水計劃第二期」工程相關的環境評估工作，慶春約七村中的荔枝窩及三椏近海位置曾展開新界北區考古調查，當年在荔枝窩開挖了數個鑽孔作抽查點，其中在村西南面山坡和沙丘位置的鑽孔，出土了新石器時代的夾砂黑陶片、宋及明代的陶瓷瓦片等，推斷當中包括有浙江龍泉窯、江西景德鎮窯，以及大埔碗窯的製品。該次調查確認了荔枝窩作為香港一處重要的考古遺址，也填補了香港東部海灣有關史前遺址的空白，意義重大[3]。

根據梅子林村民口耳相傳之說，他們祖先在荔枝窩建村以前，該位置其實有多個姓氏的原居民居住，不過原始社會有其森林法則，傳說亦無從稽考，但按鄉議局文件登記的年份，荔枝窩建村正好是遷界令解除後的事。明朝萬曆年間（約16世紀中後期）編製的《粵大記》，當中的地圖亦可見荔枝窩的名字，因此曾黃二姓族群建村以前，荔枝窩很可能已有人居住。

了解《古物及古蹟條例》的規定，又考慮到梅子林的情況，確認在私人持有的老房子內，清理與撿拾塌方泥土下、地台上的舊物，並不觸犯法例。團隊以「考古又非考古」為定位，由此展開了拾遺探古的歷程，亦逐步建立有系統的翻土、撿拾、登記紀錄，以及跟進考證的工作。

撿拾行動前規劃

資源永遠有限，工作起步點應該小而能夠掌握，卻能達至一定程度的反映能力。文物也是資料數據，有系統地梳理應能窺探到一個地方、一個時代的一些事情。不過，開掘前也只能憑部分外露於泥土的雜物推斷規模，也考慮當時參與發掘的義工尚算踴躍，以及當時村內部分樓房已開展了其他維修工程，不忍文物進一步散落，因此毅然決定擴大是次撿拾範圍，一口氣處理上巷三間村屋，面積合共約280平方米。撿拾工作包括：清空屋內塌下來約三尺高的泥頭，直至重現地台；期間以人手發掘埋藏在泥頭下的器物，並清洗整理、量度及登記尺寸、攝影記錄、儲存及編目等。

A 屋

位於上巷最左面，村民稱之為「老屋」，相信建於1800年以前，是村內歷史最悠久的房屋，部分結構自始至今仍能保存下來。該屋涉及四個地段編號，但地段編號為初期港英政府的登記記錄，未必等同大宅原建造時的概念。

B 屋

位於橫頭街中間，在村入口最當眼的位置，其座向特別與村內其他房屋不同。在1905年集體官契所附地圖上已出現，即早於下巷村屋建成。為村民大強哥及細強哥兩兄弟兒時的居所。

C 屋

位於上巷中間偏左。根據村民說法，原屬左邊大宅（A屋）的一部分，推斷是隨著家族開枝散葉，大宅逐步分間成一列排屋，它是其中一員。該屋涉及兩個獨立地段編號，在1905年集體官契的地圖上已經出現，為村民雄哥及桂英姐兩姐弟兒時居所。

如此規模的清理工作，需要龐大的人力物力。研究團隊為「梅子林舊物撿拾行動」招募了40多名義工，並邀得香港科技大學華南研究中心副主任張兆和博士與義工分享他在西貢鹽田梓參與文物編目工作的經驗。考慮到梅子林地點偏遠，交通不便，如何分配人手、物資運輸、儲物分區等，均按目標與資源情況來逐一計劃及安排，也靠四面八方各有所長的義工，在分配範圍內協助將計劃邊做邊更新改進。

建構撿拾記錄的系統方法

1. 劃分工作區域

將三間屋子按其基本間隔，再劃分為多個工作區域。將義工分組，各組負責不同區域的撿拾工作。

2. 將清出的物料分成四類：

可辨別的建築物相關組件 / 裝飾性部分。

可重用的建築物料，例如磚、瓦片及泥土。

需要進一步記錄的各類生活器物

棄置物，例如泥頭

3. 將器物整理及編碼

去除器物內外的沙泥，清潔乾淨。

為器物量度尺寸。

為器物編碼。編碼會標示器物發現時所處的房屋及區域。

編碼後登記，記錄資料包括用途、物料、器形及目前狀態等。

4. 攝影記錄及儲存

為器物拍攝多角度的照片，以供日後參考。

器物經初步處理後，會用報紙或封口膠袋包好，放入已編碼的儲存膠箱內；大型陶器則以帆布蓋好，存放於室外空間。

第一式：由鋤頭翻泥學起

梅子林村屋的建築物料，包括有夯土（以泥土為主，加入其他天然物料的混合物）、紅磚、青磚、瓦片，以及石屎混凝土等，塌方的屋地內滿是這些建材混雜的泥堆，泥堆上長出野草植物，加上數年來雨水沉澱混合而加固，所以撿拾舊物前，需要翻鬆與移走泥土。

工具方面，開挖需要鋤頭，鋤頭之中也有平頭與尖頭，尺寸有大也有小；人手移走泥頭也需要工具，有大鏟小鏟；盛器方面，小的有竹籮、帆布袋，較大的有手推泥頭車。挖出的建材泥石分類處理時，大的是靠人手，小的則利用鐵網篩出垃圾，讓沙泥可以安然重回大地。

至於各參與人士的工作安全和自身保護，最基本是頭盔、手套；春夏之交的濕熱天氣下工作，更要防曬防中暑，常常互相提醒要多喝水。過程中也遇到蟻穴、昆蟲，慶幸未有遇到蛇，總之大家要步步為營。一邊開挖也一邊開路。

對於喜愛本土文化與文化工作的朋友來說，過去參與體力勞動的經驗可能不多，如此突破性的行動的確要由拿鋤頭學起，如何提起鋤頭順勢輕放而能安全省力的小技巧，其實都是臨場時從村民及有耕田經驗的朋友分享而來。

第二式：規劃在前應變在場

參與是次撿拾行動的義工，在正式動工前，大家除了參與網上課程的理論認知外，也先進行實地考察，以便自我評估所需準備。作為活動召集人，可以準備的都盡量準備，預先有資料羅列安排，現場也張貼重點及簡單流程，只是現實往往與想像有些距離，太細微的事無法預料，文字太多現場難以閱讀。不過，最重要的是要營造和鼓勵互相學習、彼此提醒的氣氛，建立應變文化。另外，讓義工在分組、分區及目標工作範圍內，從實踐中建立團隊的秩序也是必須的。相信人在荒郊野嶺的有限支援下，自有互相學習的能力。生產線工序流程，首個大半天便已成形，下一回的運作又會見到義工自行添置了小設備，如小摺椅之類，以及各組人有其分工方法，這些互動很美麗，說說笑笑，時間過得很快。同時由於發掘地點本身就是昔日尋常百姓家，參加者掘出器物的頻率很高，呼叫有發現之聲此起彼落，叫人振奮。

村民和義工不辭勞苦，清理村落。

第三式：總要作階段性檢討和歸納

凡事也是熟能生巧，每天的經驗、每個失誤或遺漏都是寶貴的一課。不要忘記，在團隊裡可開心見誠提出改善的方法，如在閒談間、在通訊群組內將經驗分享和討論，有助互相學習和進步。

是次舊物撿拾行動在2021年2至4月期間進行，位處半山而沒有陸路交通運輸，來回取道沙頭角碼頭乘船至荔枝窩再登山已是捷徑，每次撿拾只能在村內逗留大概四小時，工作時間並不充裕，走的路也不少，但這算是大部分義工體力足以應付的時數。儘管義工都熱心支持，但工作如此細緻繁複，同時又需求龐大的體力，應該無法以首輪實驗試行的規模就能徹底完成，必須作階段性總結及安頓，再檢討分析和打算。

撿拾行動的成果

參與撿拾行動的義工留影

建立梅子林舊物資料庫

舊物撿拾行動進行了10天，累計出土、完成清理、量度及
登記的文物合共618件，當中有大量盛器、餐具及生活用
品、一些工具及農具，初步估計橫跨1900至1970年代，宏
觀的數據分析如下：

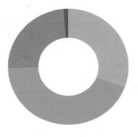

出土文物數量：618件
- A屋（191）
- B屋（271）
- C屋（149）
- 其他地點（7）

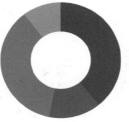

文物狀態初步評估
- 完整（246）
- 不完整（88）
- 輕微破損／有裂縫（230）
- 只屬部件（難以分類）（65）

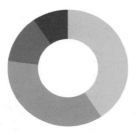

文物所屬物料
- 金屬（252）
- 陶瓷及玻璃（224）
- 塑膠及附有塑膠（83）
- 其他（59）

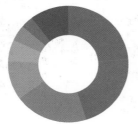

文物之原有用途
- 餐具、廚具及灶具（146）
- 盛器（133）
- 生活用品（123）
- 工具（67）
- 農具（37）
- 建築部份（27）
- 衣履（21）
- 其他（64）

撿拾出土及已記錄的618件文物中，有246件(39.8%)屬於
「大致完整」，另有88件(14.2%)有「輕微損壞或有裂縫」；
其餘的一半則屬「不完整」，或「只屬原物的部件」，部分未
必能夠辨認原物品。以物料看，村民生活至1970年代的鄉村，
留下的各出土器物之中以「金屬」物料的出現次數最多，佔
40.7%，其次為「陶瓷」，佔36.2%。現代最普遍使用的塑膠
物品，則只有13.4%，比例上明顯較少，但箇中原因不能單從
這數字推斷，只可作為切入點進一步觀察。

至於它們實質是甚麼東西呢？其中數量最多的為「餐具、廚具
及灶具」這三類用途的器物，即如碗、碟、杯、煲、鑊等，約
有24%。其次則是各式盛器，計有缸、埕、盆、罐、桶、樽
等，約有21%。這兩類之中，最多出現的物料，則是陶瓷。事
實上，現場所見，陶瓷盛器形狀大小豐富多變，是一個引人注
目的器物類別。

另外，較大型的物件之中，部分是塌下的建築部件雕飾，例如
屋脊及門窗的裝飾；也有些農具，更多是昔日備用的建材，例
如村屋屋頂的瓦片。出土的物品種類繁多，例如相簿及菲林
底片、懷疑是清朝的圓形方孔銅錢、1960至70年代的電子用
品，例如收音機、唱機及黑膠唱片；也有些衣履等。

金
屬

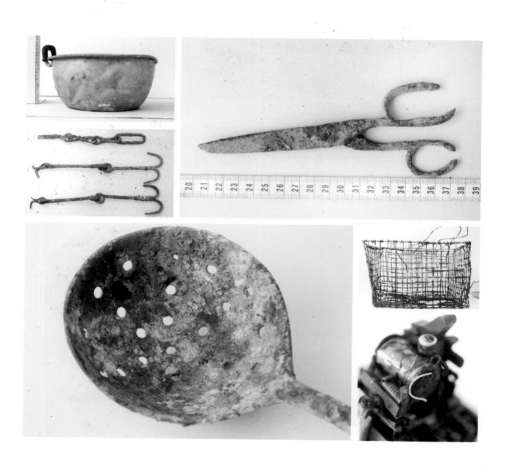

陶
瓷

出土器物查證及解說

每一件物件都有其歷史和故事，但由於時間和資源始終有限，我們需要在器物間作優次篩選，並嘗試擬定下面多項標準作為切入點：

1. 明顯對這個地方及時代有著代表性意義的物件；
2. 器物現場出土時，村民的反應較強烈，隨之說出往事；或當村民與義工現場問答交流時，大家對背後故事感到有趣的物件；
3. 城市人較少見的物件，或從城市人視角認為鄉村較少出現的物件；
4. 認知其歷史較古舊的物件；
5. 能夠串連出某些整體性意義的物件組合，在進一步查證相關歷史時，有助觀者更立體理解昔日社會的物件。

我們篩選以下一系列的文物作查證及解說。

梅子核

大概梅子曾經是村內盛產的名物，故立村之時便以此命名。然而，今天沿山徑徒步前往梅子林，映入眼簾的是百年荔枝樹，卻未見有梅子樹的蹤影。今次撿拾行動出土了一個小口陶器，裡面一粒一粒的，倒出來清理乾淨後，曾玉安村長立時就認得是梅子核，「證明了這裡以前真的種有梅子。」

這個陶器裡面，是家家戶戶都有的醃梅。它的味道鹹鹹酸酸的，用途廣泛，可以用來做梅子排骨，也可沖水飲用。有村民指每逢夏天胃口不佳時，會將醃梅子碾爛，撒點糖，開胃下飯。

客家建築部件

石窗櫺

窗櫺，是中國傳統建築中的鏤空框架結構設計，實用與美觀兼備。中國的窗櫺大多以木製為主。自明代開始，江南一帶廣泛使用以石材製成的鏤空窗，到了清中期最為盛行。撿拾行動中，石窗櫺組件的出土位置，正正就在村內歷史最悠久的老屋，年代吻合。

這些石窗主要用於外牆面，具有透風、透光、透氣的作用，且具防火、防盜等特點。窗櫺的雕刻有線槽和各種花紋，上下形似英文字母W及M，是蝙蝠圖案的變奏，這裡的蝙蝠只集中在M、W字中央尖處線陰刻部分。蝙蝠在中國傳統文化經常出現，「蝠」與「福」同音，寓意「福到」。左右兩側為幾何「如意」，是吉祥的象徵，代表順心如意；中間的花，應是四瓣海棠，一般有「四代同堂」、「滿堂」等寓意。

如今位於荔枝窩廣場的協天宮，其側牆就有一個一模一樣、形狀完好的石窗櫺（小圖），唯其紋飾已被後來復修的水泥覆蓋，細節盡失，如今翻出的文物可作對照。

龍船脊

客家建築部件

老屋位置塌方的物件之中，有不少建築的組件，如灰塑裝飾翹角脊。相信這些曾放置於門廊的正脊，應為龍船脊，具吉祥寓意，詳情的特色描述請參見第四章的「文物特徵元素」。

生活用品

米缸

尺寸：
30厘米(長)
30厘米(闊)
32厘米(高)

外形特徵：底小口大，常配有陶蓋或木蓋。

生活用品

酒埕

尺寸：
33厘米（長）
33厘米（闊）
49厘米（高）

外形特徵：細口尖底，埕身闊大。

客家人通常都用這些酒埕來釀黃酒。埕口
細小，減低空氣進入酒埕的機會，避免外
來細菌進入，影響發酵。這些酒埕通常有
個與埕口大小相若的埕蓋，蓋好後，再將
酒埕與蓋之間的縫隙用黃泥糊好密封。

醃製缸與壓菜石

生活用品

尺寸：
37厘米（長）
37厘米（闊）
45厘米（高）

外形特徵：缸口適中，介乎米缸與酒埕之間，缸身闊大。

醃製缸缸口不能太細，因為在蔬菜拌入鹽以後，會在菜面放上壓菜石，將蔬菜壓得更緊，加快擠出裡面的水分，以吸收更多鹽分。村民通常於醃製缸內放上禾稈草，再用瓷碟蓋在缸口，然後將缸上下倒轉放置。當醃菜的水分流出，沿著缸口邊溢滿瓷碟，如此空氣便不能進入缸內。

客家人常醃製的食物包括鹹菜、蘿蔔桿和芋桿。芋桿即芋莖，切成三四寸方便進食的大小，再用鹽醃製，客家人通常用來蒸魚。另外蘿蔔、桃、木瓜、薑，亦會加入白醋和糖，製成小吃。

瓦罐

生活用品

尺寸：
11.5厘米(長)
11.5厘米(闊)
11厘米(高)

農村的瓦缸陶罐通常大大個，用來釀酒、醃菜，分量十足；這個出土的瓦罐卻只有手掌大小。村民桂英姐說，這類瓦罐是用來給小孩煮粥用的。印象之所以深刻，因為那是她的工作。桂英姐說，當飯燒好後，她便將飯放入這個瓦罐，添點水，加一小塊鹹魚。趁柴火灰仍有餘溫，就將瓦罐放在柴灰裡煨過夜，就成為嬰孩分量的鹹粥。

所謂煨，是指把生食埋在火灰中燒熟，是農村常見的烹煮方式。以前家家戶戶都燒柴火，生火退火，都需要時間，不似現在一按鈕就了事。飯煮好了，不再添柴，就等柴火慢慢熄滅，這時的柴灰溫度仍然很高。在資源匱乏的農村，這點火燼絕不浪費，村民把番薯、栗子埋在灰堆，就成了農村版本的低溫慢煮小吃。

煨食過後，柴灰仍然有各樣用途，因此村民都會把它們儲起。前面第一章提到的灰水糉，用的就是這些柴灰。只是為了清熱消暑的效用，村民便需要選擇合適的樹木品種。

生活用品

陶盆

尺寸：
35厘米(長)
35厘米(闊)
17厘米(高)

陶盆闊口，盆底較窄，具一定深度，是村內常用的器具，如製作餈粑(即糯米糍)，先將糯米粉糰放在陶盆，在大鑊隔水蒸熟，再用來包花生餡。由於農曆新年期間街市休息，故村民都會在年廿九或年三十預先購買豬肉，在陶盆用鹽醃好，方便儲存。

生活用品

團鶴杯

撿拾行動中出土的杯盤碗碟眾多，其中在C屋的廚房位置，就發現了清代普遍流行、以團鶴為紋飾的杯與碗。屋主雄哥表示，這些餐具自小已經使用，大概由祖父輩傳下來。

團鶴是團紋的一種，常見用於青花的繪製。所謂團紋，就是先有一個橢圓或圓形的圈，再在裡面繪製各種紋飾。繪上蓮花，是為團蓮；換成仙鶴，就是團鶴。古人以鶴為仙禽，寓意長壽。

生活用品

洋盆

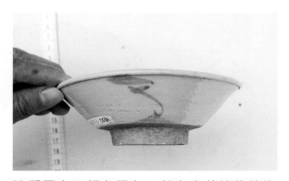

這種厚身而顏色帶灰、並有青花紋飾的瓷碟，村民稱之為「洋盆」，盆口較時下小家庭常用的碗為大，盆身較碟深，適合農村昔日大伙吃飯時使用。村民不知洋盆出現年份，只知年代比較久遠，是現時長輩級村民的爺爺嫲嫲或更久以前已使用的器物。類似的瓷器，在香港其他原居民村也時有見到；建於明末的大埔碗窯也有類似的出品。

從上圖的洋盆底部，可以見到沒有上釉部分的素胎質貌，應是胎料及技術尚未改善，陶土未完全瓷化變白的階段之前，按該村的歷史，器物應屬晚清時期。

火水燈

生活用品

是次撿拾行動發掘出數個玻璃火水燈的組件，某些組件重複，故大概來自於不同的火水燈。直至1960年代梅子林獲供電以前，日落以後的室內活動，靠的就是這些微弱的火光。

這些煤油燈是由燈座、燈頭及燈筒三個部分組成。燈座用來盛裝煤油，燈筒外形寬肚窄口，防風透光；中間的燈頭以金屬製成，旁邊有一個旋鈕控制小齒輪，用來調節棉燈芯。棉燈芯一頭浸泡在煤油中，將煤油向上吸，另一頭露在燈頭管口，供點火燃燒。調較燈頭的旋鈕，冒出的燈芯越長，燈火越亮，反之則越暗。

茶餐廳餐具

生活用品

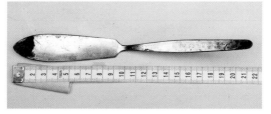

與清代團鶴碗一起出土的，還有兩把牛油刀
與西式茶隔。這些今天看來普通不過的餐
具，出現在傳統鄉村客家廚房，又有一點不
平常。雄哥一見到，立時就認出來，「這些
是我買的。我11歲左右已經出市區玩，鄉下
仔也要外出見識一下嘛。」雄哥說小時候很
喜歡茶餐廳，就想要將這種滋味帶回家。人
仔細細，除了吃麵包塗牛油外，還買來淡奶
自己動手沖奶茶。今次發現的器物就有齊雄
哥私伙的茶隔、麵包刀、牛油刀，「我還有
一部多士爐呢！」後來他發現原來好立克味
道香甜，加水拌勻便可飲用，就嫌沖奶茶太
麻煩。

好立克膠杯

生活用品

在村內撿拾的物品當中，有數個好立克玻璃樽，還有作為宣傳品的膠杯。有村民見到立時記起，「叔叔每次回梅子林探我們，都會帶一樽好立克來。」好立克是一種以麥芽製成的即溶飲料，源於19世紀的英國，大概是戰後進入香港市場，曾經是牛奶的替代品，是普羅百姓的營養補給品。

風筒

生活用品

1970至80年代的老式電風筒，上海萬里牌的出品，是當年飛仔頭造型必備。

燒炭熨斗

撿拾團隊在強哥的屋內找到不只一個熨斗，其中又以這個燒炭熨斗最為古老。在未有供電的日子，人們將燒熱的木炭放在熨斗裡，等熨斗底部燙熱，便可以用來熨平衣服皺紋。在當年的梅子林，使用熨斗並不普遍。強哥表示，父母在廣州認識，母親當年可算是時髦女性，大概這個熨斗就是母親的嫁妝，隨她來到梅子林。

野豬捕獲器

農具用品

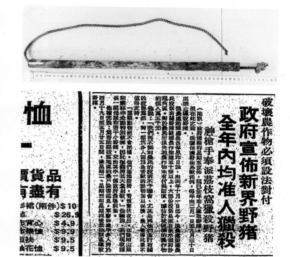

撿拾行動在三間屋均發現通心金屬棒，其中一枝兩端連著粗麻繩。村民說那是他們自製的野豬捕獲器，以水喉通與麻繩製而成，通常置於草叢內野豬經常出沒的地方，最好在斜路，另一端綁著一棵樹。待野豬經過時，麻繩圈便會套著野豬頸部，水喉通可以防止野豬咬斷麻繩逃脫。

翻查資料，1974年香港政府刊憲「保護野生飛禽及動物（修訂）條例」，將野豬列為受保護野生動物之列[4]。1970年代起似乎不少野豬從內地遷移至沙頭角一帶，有報道指牠們每隻重200餘斤，多在晚上活動，覓食時往往將農作物連根拔起。單就1977年11月至翌年3月，漁農處接獲野豬破壞農作物的投訴達50多宗，大部分來自船灣淡水湖與沙頭角一帶，估計被破壞的農作物約值8萬5,000元[5]。為保護農民生計，政府宣佈准許持牌人士全年獵殺新界野豬，但這個時候，梅子林村民大都已離開，外出謀生。

其他 原子粒收音機

過去鄉村居住的人們對城市生活有一種嚮往，似乎大家都會將城內新鮮好玩的事物引入鄉村。在發現的器物當中就有黑膠唱片及原子粒收音機。村民說，當年家家戶戶都有幾部收音機，其中又以牛屋那家人擁有最多，「他喜歡聽歌，一賺到錢就買唱片及卡色帶，收音機最少有十多部。聞說他睡房放一部，客廳也放一部，廁所也有一部，去到哪裡，聽到哪裡。」

其他 小童皮鞋

這些小童皮鞋埋在塌方多年，發現時尚算完好。桂英姐見到，頓時就認得這是姪女佩玲小時候的皮鞋。佩玲兒時曾在梅子林居住，這些皮鞋都是英國老牌子Clarks，是在英國的父母寄來的。

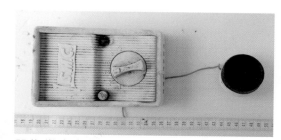

電牛角扇

其他

器物當中有安裝在天花的電動吊扇。中央轉盤上方的白色鐘形外殼已穿破，露出摩打和電線，外面隱約可見到SMC吊扇公司的圖樣。塑膠調速器上則清楚印有SMC吊扇公司的圖樣，連接著舊式圓形電掣。SMC吊扇公司創立於1952年，是香港首間對外出口吊扇的本地製造商。它現時還有推出與文物幾乎完全相同的吊扇和白色塑膠調速器。

聖誕樹燈飾

其他

雖說梅子林位處偏遠，城市的潮流與文化還是會慢慢進入農村，譬如是聖誕樹裝飾燈，這也是村民雄哥外出見識後的手信，「出市區見到別人放聖誕樹，覺得咁靚嘅，便買了一棵回家。」兩姐弟都記得那是一棵小型塑膠製的聖誕樹，掛上一串裝飾燈，擱在客廳飯桌上，旁邊是平常用的茶壺和茶杯。門外遍山樹林，與門內那棵塑膠樹相映成趣。這一串裝飾燈，某程度見證村內生活水平提升，燈光從此可以只為美觀，不為實用。

水龍頭

其他

梅子林是目前香港少數沒有水務署供水的地方，他們有著自己一套集水配水的模式。村內的水龍頭，到1960年代初才首次出現。在此以前，村內婦女每天早上都要到水井凹擔水回家，先將水儲在大水缸內，一整天煮飯、清潔都靠它。到了1954年，梅子林在嘉道理農業輔助會資助下，才興建了水井。

到了1960年代初，鄉村生活水平提高，村民都想要有自來水。當時的村長到理民府申請興建村內的水塘，由政府資助水泥及水喉，村民記得當時工人現場製石屎。其他材料有不足的，便由村民補上，當時每戶都要負責一定數目的泥沙，大家都到海邊擔泥沙。

村內山上水塘的水沿喉管一直輸送至村屋附近，在上巷頭尾兩邊各設一個自來水街喉，供村民免費使用。如想搭建自來水入屋者，則需要自行斥資僱用水喉匠。日有叔表示，當年為省支出，能夠自己做的，都會自己做。他父親當年有份幫忙興建梅子林水塘。有了經驗以後，便擔起大旗，與強哥父親到蛤塘建水塘。

大江國貨優待證

其他

據村民說，很多出土的生活物品，例如玻璃屏風、家庭電器等，都購自沙頭角墟。至於沙頭角墟沒有的，村民便會到上水或大埔墟添置，其中位於上水符興街的大江國貨，可以說是1960至70年代最就近的大型國貨公司。是次撿拾行動在雄哥家發現的，就有一張1971年的「大江國貨顧客購物優待証」，大概就是今天的優惠券，持券者可以優惠價錢購物。雄哥記得自己的羊毛內衣及洋酒等，都是購自大江國貨。

大江國貨高兩層，佔地4,000餘呎，樓下設藥材部、疋頭部、服裝皮鞋部、食品部等；樓上則有家庭電器用品、瓷器用品、玩具家俬等部。它1965年開幕的時候可謂盛況一時，邀請了影星張瑛、李香琴等到場剪綵。大江國貨後來遷至巡撫街，並改稱大江百貨和大江國貨校服公司，後來於2018年結業。

註

1. English Heritage.(2008). *Conservation Principles, Policies and Guidance for the sustainable management of the historic environment*, 22.
2. 「認可鄉村」是指地政總署為推行小型屋宇政策制訂的《認可鄉村名冊》內的所載鄉村。有關資料可以參看「第三章：香港何處是鄉郊」（157頁）。
3. 深圳博物館考古調查隊(1998)。《新界北區考古調查報告》。
4. 〈刊憲今晨公布獵野豬屬違例〉，《工商晚報》，1974年3月22日。
5. 〈政府宣佈新界野豬全年內均准人獵殺〉，《華僑日報》，1978年4月1日。

撿拾外篇：
陶瓷器之漆繕

物件總有破爛之時，生活在資源有限的鄉村，大家盡可能為之修補。陶器和瓷器，是農家生活常物，偶爾打破了，大自然自有可供修復的材料，世界上不同民族也各適其適。原產於中國及印度的漆樹，其樹脂正是其中一種天然塗料，具黏貼和加固功能，古人由此發展出漆繕工藝。

慶春約村一帶從來都長有漆樹，村民說，兒時長輩告訴他們，漆樹會咬人，不要觸碰。漆樹咬人，是鄉村口耳相傳簡化皮膚對漆樹過敏反應的一種說法。事實上，大部分人都會對漆敏感，接觸漆樹、天然漆液，都會導致皮膚紅腫發癢，出現如濕疹的狀況。我們義工親身試過，有人等了足足兩星期，紅疹才消退。所以遇見漆樹，切勿觸摸，不知哪棵是漆樹，就甚麼樹都不觸碰好了。

村民說，漆樹旁通常會生長另一種植物——漆大姑，它有助分解生漆中的物質，可說是被咬的解藥。至於如何使用及是否有效則未有測試，但中醫藥資料指，它主治生漆過敏、蕁麻疹、濕疹等。

漆樹

漆大姑

漆繕入門記錄

開展舊屋撿拾行動後，撿出的器物中約有110件陶器及瓷器，其中約40多件存在不同程度的破損。參與行動的義工中，有一位習漆藝多年的工藝師徐展鴻老師，自撿拾計劃開始後便嘗試處理破損的器物。我們深知撿出的文物未必能在短期內爭取到更多資源作更高規格的復修，如不適時正視處理，此後散失破損的情況會更嚴重。幸好一班充滿熱誠的義工給予一份莫大的力量，加上生漆是天然材料，可以分解還原，於是便開啟了如此精緻的漆繕技藝之門。

漆修導師徐展鴻

待復修的陶器

大陶器拼好後，待生漆風乾，期間以皺紋膠紙暫時固定。

事前須知

- 漆繕：也可說是日本金繼工藝的前期工序之一，即黏合碎片。碎片復合後，是否以金粉美化裂縫是往後的考慮；

- 開漆(調校漆液黏合劑)：陶、瓷、玉、石、木製品，都可以漆修繕，但因物質的密度不同，粗細有別，而生漆本是濃度不太高的流體，使用時需因應修復物的特性，加入相適應的中介物料。要效果細緻幼滑可加入糯米粉和蛋清，但由於物料可食用，黏貼後風乾時，可能會吸引蟲蟻蛀食；較粗糙的可用木糠粉，甚至合適的泥土。

- 器物碎片重組：如砌拼圖，要黏合器物，應先齊備所有碎片，確認各碎片所屬位置和關係，規劃黏合的次序，由大到細似乎較易穩定存放，碎片接口則應預先作簡單清潔。

用生漆將碎片黏合

義工嘗試燻鮑魚殼

用雞蛋殼粉遮蓋復修痕跡

工序

- 塗漆：在要黏合的碎片接口上把調好的漆薄薄塗上，接口的兩邊都要塗，讓漆稍為風乾後，便將兩者接合並固定，可以使用皺紋膠紙將它們暫時黏合固定；

- 陰乾：黏合後需要兩至三星期陰乾，存放環境以濕度高為佳，否則要噴水保濕，漆料才完美硬化。黏貼下一塊碎片時要待前者乾燥硬化才方便進行，逐片黏合，直至器物碎片全部歸位穩固，相當費時；

- 打磨：用砂紙或天然材料，將已乾涸的漆痕磨平；

- 美化：生漆接觸到空氣後會由原來淺啡色慢慢變黑，器物修復後，原來的裂縫會形成一道黑色的裂痕。大概是前人認為不美觀，於是嘗試用其他顏色的物料遮蓋黑色，由此衍生出令器物昇華的工序；若要矜貴，可以灑上金粉，這就是在日本已成為高雅藝術的金繼。不過，尋常百姓家，原來亦可以就地取材，雞蛋殼、鮑魚殼都可派上用場。雞蛋殼需要先去掉裡面的一層薄膜，然後打碎成幼細粉末；鮑魚殼則用炭火燻。在大陶缸內燒盡枯枝和田間的雜草，以灰燼的餘溫燻鮑魚殼。約10分鐘後，鮑魚外殼碎開，可以洗擦分離，留下幻彩反光的內殼，內殼磨成的銀粉末，同樣可遮蓋黑色漆痕。

實踐中之發現

每次招募義工時，總會在報名時先問他們有何特殊技能。發現有人有特殊技能時，就嘗試善加發揮，邀請共同開創，互相學習。漆繕並不是一門容易和普及的工藝，但既然遇上天時地利人和的千載難逢機會，值得一試。徐展鴻由義工變成指導老師，第一課介紹漆的特性、講解工具和工序，博大精深，太多可能，大部分同學都摸不著頭腦。待風乾的時間極長，是以一周計，又要有合適的溫度和濕度環境。另一方面，我們初時有感在村的工具有限，甚麼都不好辦，後來卻發現村內的天然材料隨處皆是。

城市人習慣的學習方式，要一切準備就緒，總是有人安排好工具材料，並完美安放在面前。但這次在荒郊之地，與一群不同背景的義工，以及對植物的傳統知識瞭如指掌的村民互相交談提醒，竟然讓我們發現了極匹配合適漆繕的天然資源，包括以下兩項。

幼土良材（高嶺土）

使用生漆進行黏合時，需要加入中介物料調和漆液，除了糯米粉外，也可以用泥土。我們偶然在梅子林發現有部分泥石，磨碎後幼滑如白麵粉，把它混和漆液而成的黏合劑，黏性特別高，在塗抹碎片，以至最終黏合效果都明顯較佳，又能避免戶外蟲蟻蛀食，是用於陶瓷工藝的尚佳原材料。

以陶瓷聞名中外的江西景德鎮，有一條高嶺村。那裡擁有一種呈白色、質地細膩、鬆軟的泥石，後稱高嶺土。用它來製成的瓷器，呈現純度相當高的白度，成就了景德鎮瓷都的美譽。而梅子林的白泥（統稱），其質感與高嶺土極為相似。

錫葉藤

要打磨器物修繕後的漆痕，可以購買不同粗幼度的砂紙備用；但活動過程中，有村民遞上村內生長的錫葉藤，其葉的兩面，均粗糙如砂紙，用於打磨器物效果甚佳，似乎平常用於家居清潔亦不俗，真是意想不到的發現。

人們在復修過程中的發現和對傳統生活的領悟，可能會開啟不一樣的生活態度，同時更理解及尊重傳統文化的價值。

上：錫葉藤可取代砂紙，打磨效果不俗。
下：義工以原始工具把石塊般的高嶺土打碎成粉末，可成開漆的中介物料，幼細白滑。

第三章

解構「鄉郊・保育」

導讀

政策的出現往往因時制宜，有其歷史遺留下來的成因，
有決策當時的社會背景和需要。本章先從歷史脈絡、原
居民身份及城市規劃的角度去談香港何處是「鄉郊」；
然後再回顧1960至70年代起逐漸成形的「自然保育」與
「文物保育」政策，以及千禧年後，因多宗保育事件而
促成針對私人業權的「新自然保育」及「新文物保育」
政策。至近數年間，兩者本來不相從屬的課題，卻結合
成「鄉郊」＋「保育」這新課題。它之所以新，是社會
過去對「保育」的討論，是比較單向直接地分別針對生
態價值和文物價值的保護，但當這標準放諸人為因素複
雜很多的「鄉郊」環境時，再加上「鄉郊」往往或多或
少保留了現時沒有法例規範的「非物資文化遺產」，過
去的論述，甚至政策本身就變得片面與不足。本章旨在
闡釋「鄉郊保育」的複雜性，和推動有關工作時有可能
會陷於掛一漏萬的處境，於下一章時再提出期望可以補
漏的視野。

香港 何處是鄉郊

要了解一個概念，在某個特定地方的意義，應該可以先從當地的法例入手，因為法律是人類社會的規範，建構了社會的秩序。審視所有「鄉郊」及其近義詞的法例，有助重塑社會規範下人們在鄉郊活動的描述及定義。

香港法例及政策框架中，出現「鄉郊」相關的用字，包括了Rural Area(鄉郊分區)、Countryside(鄉郊、郊區、郊野)，或範圍較集中而具社群組織的Village(鄉村)等三組常用字。本港使用這些字詞的法例，有第96章《林區及郊區條例》、第374N章《道路交通(鄉村車輛)規則》，以及第576章《鄉郊代表選舉條例》等。

另外，直接關於鄉郊保育的條例可以追溯至1976年制定的第208章《郊野公園條例》。該法例的醞釀，與英國人有植物培植及研究的傳統有關。英國人在二次大戰後，在香港新界地區開始有系統地植林，以提升自然環境質素。前港督戴麟趾爵士於1967年委任了「郊區的運用和保存臨時委員會」，並於翌年發表《郊野與大眾》[1]報告，當中預期香港人口持續快速增長，特別是年輕人，對郊外休閒娛樂活動需求增加，卻可能因此破壞郊野環境，故此有保育需要，當中特別提到對可供耕種土壤和集水區的保育及保護。

有顏色的範圍，已列入郊野公園及特別保護地區

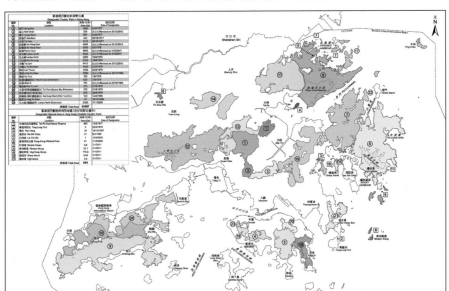

圖片來源：漁農自然護理署網站

政府參考世界各地國家公園（National Park）的做法，建議
透過立法及相關政策，逐步在香港設立郊野公園，交由漁農
自然護理署(下簡稱「漁護署」)管理。同時，又按交通方便
及受歡迎程度排序，列出本港八大郊野範圍[2]，供未來劃作郊
野公園。

該份報告將香港分為「現有及計劃發展區」與「未發展地
區／郊區」，並指出未發展的地區屬珍貴資源，必須「節約
地使用」[3]，並同時作出規劃及控制，藉以為整體社會帶來好
處。當時所指的休閒娛樂活動，受惠對象主要針對本地普羅
大眾，屬於對社會有整體好處的用途；當時的報告並沒有提
出吸引遊客等經濟目標。

與此同時，在未引入東江水以前，香港的水資源主要仰賴降雨，為確保集水區內水塘、引水道建設與鄰近地面的原水不受污染，亦有香港法例第102章《水務設施條例》保護。事實上，大部分集水區與郊野公園的範圍都重疊，而郊野公園除了是水源的緩衝區，自然生態亦有助淨化水質。香港現時集水區所覆蓋的範圍約有360平方公里，佔香港整體面積約三分之一。

香港至今已劃定了24個郊野公園及22個特別地區，面積約共443平方公里，佔香港總面積大概四成，分佈在香港島、九龍和新界。然而，在先後劃定郊野公園時共有77[4]幅毗鄰的私人土地，連同其周邊作緩衝之用的政府土地，被剔出了郊野公園範圍，並稱為「不包括的土地」。漁護署認為，鄉村和農地亦可以與郊野公園的自然環境融合，而在指定某地區為郊野公園時，當局不應為村民及土地業權人的合法權益(包括興建小型屋宇)帶來負面影響，以免招致他們提出反對及向政府索償[5]。換句話說，這些由私人擁有的土地被劃入「不包括的土地」，主要涉及原居民村土地權益的考慮。

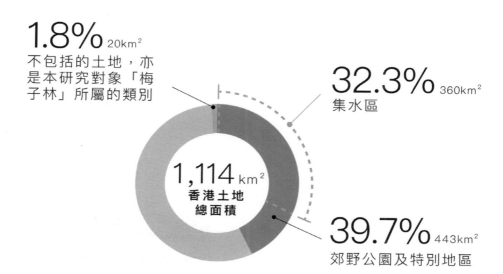

1.8% 20km²
不包括的土地，亦是本研究對象「梅子林」所屬的類別

32.3% 360km²
集水區

1,114 km²
香港土地
總面積

39.7% 443km²
郊野公園及特別地區

何謂「原居民村」

原居民村的概念，要追溯至1898年。英國人在取得香港島
與九龍半島後，進一步與大清政府簽訂《展拓香港界址專
條》（下簡稱「《專條》」），租借九龍界限街以北、深圳
河以南土地。《專條》內列明：「又議定在所展界內，不
可將居民迫令遷移，產業入官。若因修建衙署、築造礮臺
等官工需用地段，皆應從公給價。」此乃清廷與英方簽訂
土地租借協議時的其中一項條款，也成為此後原居民維護
其土地權益的理據。

英方於1899至1902年期間，在新租來的土地上進行全面測
量記錄，登記其中聚居的村落及村民，並於1905年與有關
鄉村訂立了「集體官契」[6]。這既承認並雙方同意有關鄉村
及其村民的土地使用身份，同時亦確立登記以外的官地及
其管治地位，從此村民需要向港英政府繳交地租。

「集體官契」訂立後數年，港英政府便開始將沒有登記人
的土地出售，為庫房帶來收入。在1908及1909年兩年間，
沙頭角梅子林就出現了村民買村地建屋的交易紀錄。在這
個「轉變新時代」下，下巷樓房陸續出現，成為梅子林百
多年前擴展的見證。當時並未有完整的《建築物條例》規
管，建屋規格就以建屋投放的金額作為指標，其中一幅屋
地(Lot No. 1073)的建屋投放金額就定於不少過100元，同
時規定不可以興建陽台，也不可以高於兩層，相信這亦影
響一段時期的鄉郊建築格式。這既是梅子林的自身歷史，
亦是香港其他鄉村的縮影。

配合新市鎮發展而出現的丁屋政策

直至1970年代，香港整體人口快速增長，當年逾九成人口居住在老舊的村屋，政府便銳意發展新市鎮。為爭取原居民支持，政府與鄉議局磋商如何改善鄉郊居民的居住環境，並於1972年底公佈「小型屋宇政策」（俗稱「丁屋」政策），同時修改《建築物條例（新界適用）條例》，將小型屋宇規範化，從而簡化建屋的申請程序[7]，構成往後鄉郊環境及建築格式之轉變。

另一方面，當局於1973年訂定《認可鄉村名冊》，當年載有591條認可新界鄉村，經進一步核實，增加至642條[8]。名冊內認可的新界鄉村，都是曾經在1899年及往後數年間在集體官契中登記的鄉村，當時村民提交過證明申請，經過核實，確認它們早於《專條》生效前已在新界存在，這些村至今被歸納為新界原居民村。他們的男性後嗣，每人均有一次向地政總署申請在村內範圍興建一幢獲豁免管制的小型屋宇的認可資格。

不過，新界亦有部分符合以上條件的鄉村，卻有因著各種
不同原因與情況，並沒有列入《認可鄉村名冊》，因此未
能受惠於可申請豁免管制小型屋宇的認可資格[9]。有關資
格及權益問題，非本研究主軸範圍，箇中細節不作深究。
只是由此可見，早於港英政府管治香港以前已存在的原居
民，其鄉村身份及由此而來的相關保障，是在《專條》的
條文中得到協議雙方的確認。只是從協議的原則，推展至
各項政策的落實細節時，可能存在政策因時制宜的情況。

直至1997年，中國政府對香港恢復行使主權，基本法第40
條列明：「新界原居民的合法傳統權益受香港特別行政區
的保護。」以此作為社會順利過渡，相關政策不變的法律
憑證。

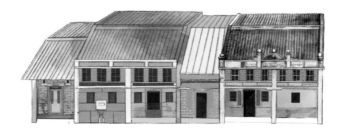

由土地權益到議政權利

傳統上，鄉村會以自行協商形式產生(或選出)村長；港英政府後來的土地政策，亦促成了鄉郊的常規選舉制度，甚至把鄉村的組織提升並吸納到主流的政治體制。

1923年，港英政府提出「民田建屋補償規例」，要求各區建屋必須補償地價，事件隨即引起新界原居民不滿，荃灣、粉嶺及元朗等區鄉紳發起組成「新界農工商業研究總會」，其他多區響應，藉此向政府表達不滿，其後更投訴到英國殖民地部，認為此舉有違《專條》中的協議。結果，前港督金文泰於1926年答應新界農地建屋無須補地價，化解了鄉紳的不滿。金文泰隨之飭令將「新界農工商業研究總會」改組為「鄉議局」，並賦予一定權力倡辦區內福利事務，及調解村民和家庭糾紛。從此，鄉議局亦成為政府吸納新界原居民意見的平台[10]，並以此作為常設的地方諮詢組織，往後它亦成為香港代議政制發展中重要一員。這可以說是港英政府過去對協議承諾保障「原居民」身份與相關權益的施政呈現。

直至1959年，港英政府有鑑於當時鄉議局出現分裂的爭議事件，便進一步將鄉議局由社團提升至法定組織的地位，立法規範其組織架構及選舉制度[11]。鄉議局的成員是來自三約(元朗約、大埔約及南約)，涉及九個行政區[12]的27個鄉事委員會(Rural Committee)，他們代表了全新界700多條鄉村。

在2021至22年，區議會及立法會的兩級議會制度下，27個鄉事委員會的主席，均為所涉九個行政區區議會的當然議員；在立法會28個功能界別之中，鄉議局亦佔一個議席。至於行政會議，作為協助行政長官的最高決策機構，鄉議局主席亦是行政長官多年來委任的社會人士成員之一。此外，負責選出行政長官的選舉委員會1,500名委員中，鄉議局成員佔27席(26席循鄉議局界別，1席循立法會鄉議局功能界別)。由此可見，新界原居民的身份，在香港城市整體管治架構上，從不缺席。

基於兩宗於2000年12月出現，就非原居民參與村代表選舉的司法覆核案件[13]影響，政府於2003年頒佈《村代表選舉條例》[14]，制定了一套新的選舉安排，讓居住在有關鄉村達六年或以上的「非原居民」，亦可以參加村代表選舉中新增的「居民代表」組別選舉，變相出現了「雙村長制」；而原有的「原居民代表」組別，其職能則繼續包括處理原居民合法傳統權益及傳統生活方式有關的事務，此乃「居民代表」所沒有的安排。

鄉郊：遠離「重點發展」的地方

前面由《專條》說起，解釋了今天為何只有「新界原居民」，卻沒有「香港島、九龍原居民」的部分原因。除了歷史契約賦予他們土地權益外，遠離政治及經濟中心也是另一個原因。英國在1841年取得香港島時，島上有16條村，共有7,000多名居民。英國隨之在香港島北岸建設「維多利亞城」，成為往後逾百年香港的政治及經濟核心地區。至1898年，英國再進一步租借九龍半島及新界，可說是維多利亞城的擴展，這與經典的都市發展模式接近，建構出現代香港地理上的規劃及發展秩序，令本來荒蕪的香港島，反過來成為整個香港城市的中心，而原來更多人聚居、人口達10萬，以及農業和加工業亦更具規模的新界內陸[15]，則逆轉成為「遠離市區發展」的鄉郊位置。

20世紀初，九龍區陸續展開規劃及發展；到了1940年代、二次大戰之後，英國著名規劃建築師柏德亞拔高比爵士(Sir Patrick Abercrombie)受港英政府邀請，為香港草擬了被譽為首份全港策略性規劃發展藍圖的建議報告，當中提出多項重要的城市擴展建議[16]，包括接駁香港島及九龍半島的海底隧道；而面對大量湧入的移民，港島及九龍土地逐漸飽和，香港將需要發展衛星城市[17] / 新市鎮，當時提及的地點便有屬於南約理民府管轄、有多條原居民鄉村的荃灣、葵涌(下圖)。

政府在1961年，正式刊憲宣佈將荃灣發展成首個新界的新市鎮，區內多條鄉村在商議後，得到政府覓地搬村的安排，其中的三棟屋村、海壩村、關門口村、下葵涌村等都是逾300年歷史的客家村，它們至今在原址仍保留了「三棟屋博物館」、德華公園內一列海壩村民宅及祠堂等。這都是香港早期開始發展較接近市區的新界鄉村的情況。

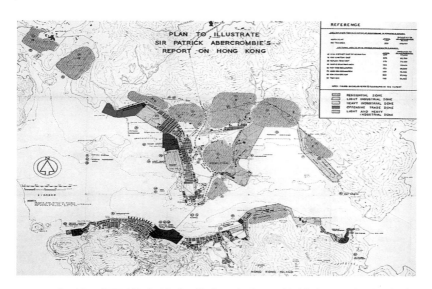

1948年的《亞拔高比報告》點出，位於新界有多條鄉村的荃灣、葵涌，未來可作為新發展的住宅區。

香港大部分土地均有法定規劃圖則涵蓋及規管

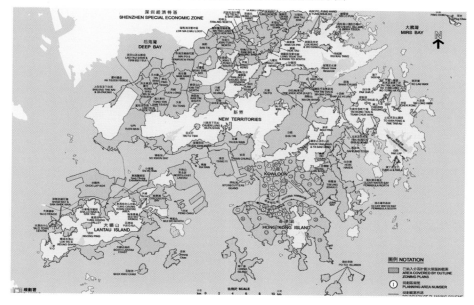

圖片來源：規劃署

法定規劃框架

雖然原居民村在香港有著特殊的地位，但其發展仍然受「土地用途」限制。香港的《城市規劃條例》於1939年制定，讓當局可以透過擬備的法定圖則，引導及管制全港各區土地的發展及用途。城市規劃的目的，是「塑造優質生活和工作環境，推動經濟發展，並促進社區的健康、安全、便利和一般福祉」，而「香港土地資源有限，因此在土地運用方面須力求平衡，以滿足住屋、工商業、運輸、康樂、自然保育、文物保護和其他社區設施等各方面的需求」[18]。因應地區發展的次序和特性，法定的規劃工作將香港分作「都會地區」及「鄉郊及新市鎮地區」[19]。

在法定《分區計劃大綱圖》中，有關自然保育或鄉郊土地的指定用途分類，就有「具特殊科學價值地點」(SSSI)、「自然保育區」(CA)及「綠化地帶」(GB)等，土地使用較為嚴格。鄉村房屋所在的土地，則歸類為「鄉村式發展」(V)。當中所建樓房一般會受限於「小型屋宇政策」中建築不得超過三層(27呎)、上蓋面積不超過700平方呎，以及牆身厚度達指定標準等規格[20]。不過，亦有如康樂園、錦繡花園等例子，它們是發展商大規模收購魚塘或農地後，申請改劃土地用途，然後發展成鄉村式低密度的大型屋苑。最後，鄉村過去及現在一般會有農耕種植，田地的土地用途為「農業」(AGR)。

不過，部分偏遠地方的法定圖則制定時期較遲，當村內房屋、
農田經年荒廢，有關土地的生態價值受到外界關注，當局再規
劃土地用途時，便可能出現城鄉價值觀的矛盾。

本項目的研究地點梅子林的土地發展用途，直到2016年政府擬定
《荔枝窩、小灘及三椏村分區計劃大綱草圖》（S/NE–LCW/2），
才正式確立梅子林的兩排屋地及其前部分梯田範圍劃作「鄉村
式發展」(V)用途，背靠的風水林劃為「自然保育區」(CA)，其
他農地則劃作「綠化地帶」(GB)。至於風水林背後的山頭則已
列入船灣郊野公園範圍，受《郊野公園條例》規管。

《城市規劃條例》核准的所有法定圖則，對不同地區、相同的
「土地用途」分類有大致接近的許可發展清單，即是法定圖則
中附帶的《註釋》文件上，有關該「土地用途」的兩欄分類，
分別是第一欄：經常准許的用途；及第二欄：須先向城市規劃
委員會申請，可能在有附帶條件或無附帶條件下獲准的用途。
這些特定「土地用途」許可清單有其普及性，例如「綠化地
帶」的「經常准許的用途」很多都包括了「燒烤地點」一類，
但這又是否等如所有「綠化地帶」都適合燒烤，則明顯是有待
商榷的及詳細考量的問題。

分區計劃大綱圖用途地帶區劃

V	鄉村式發展
CA	自然保育區
GB	綠化地帶

註

1. HASE, Hong Kong Government. (1968). *The Countryside and the People: Report of the Provisional Council for the Use and Conservation of the Countryside.* Hong Kong: Government Printer.

2. 八大郊遊區，以1960年代當時的可達度及受歡迎程度作優次排列，它們分別為：馬鞍山、香港島、西貢半島、清水灣半島、中央山巒地區、南丫島、南大嶼山，以及北區的吐露港半島。

3. 「必須節約地使用」的說法是譯自原文："Hong Kong's countryside therefore constitutes a resource which must be carefully husbanded and the use of it must be planned and controlled for the good of the whole community." (P.3, *The Countryside and the People,* 1968)

4. 兩批郊野公園「不包括的土地」(第一批包括大浪西灣、金山和圓墩，第二批包括芬箕托、西流江和南山附近一帶)先後於2013年和2017年納入相關郊野公園範圍內。至2022年，香港的「不包括的土地」共有71塊。

5. 申訴專員公署(2011)。《主動調查報告摘要：對郊野公園「不包括的土地」的保護措施》。https://ofomb.ombudsman.hk/abc/files/2011_09_02_1_.pdf

6. 政府新聞公報(2015)。〈立法會十題：土地用途和測量及土地資訊發佈事宜〉。https://www.info.gov.hk/gia/general/201504/22/P201504220535.htm

7. 孫明揚(2018)。〈錯把馮京當馬涼〉。灼見名家。https://www.master-insight.com/%E9%8C%AF%E6%8A%8A%E9%A6%AE%E4%BA%AC%E7%95%B6%E9%A6%AC%E6%B6%BC/

8. 政府新聞公報(2017)。〈立法會三題：認可鄉村名單〉。https://www.info.gov.hk/gia/general/201701/11/P2017011100436.htm?fontSize=1

9. 同上

10. 新界鄉議局(2022)。鄉議局簡介。http://www.hyknt.org/about 及劉智鵬(2017)。〈一波三折成就丁屋政策〉。灼見名家。https://www.master-insight.com/%E5%8A%89%E6%99%BA%E9%B5%AC%EF%BC%9A%E4%B8%80%E6%B3%A2%E4%B8%89%E6%8A%98%E6%88%90%E5%B0%B1%E4%B8%81%E5%B1%8B%E6%94%BF%E7%AD%96/

11. 立法會民政事務委員會(2002)。《立法會秘書處擬備的背景資料文件：村代表選舉》，附錄I。頁7–8。
https://www.legco.gov.hk/yr01–02/chinese/panels/ha/papers/ha0614cb2-2250-2c.pdf

12. 27個鄉事委員會所涉及的九個行政分區為：北區、元朗、大埔、西貢、屯門、沙田、荃灣、葵青，及離島。

13. 李浩然、尹國華(2013)。《香港基本法案例彙編1997–2010（第一條至第四十二條）》。香港：三聯書店。第40條，頁633–639。

14. 2014年易名為《鄉郊代表選舉條例》。

15. 於1898年普查新界及完成的《駱克報告書》提出，估計新界人口約有10萬，他們有從事耕種、捕魚、採珠、養蠔、製鹽，甚至製香及造船等。

16. Sir Patrick Abercrombie (1948). *Hong Kong: preliminary planning report*
https://digitalrepository.lib.hku.hk/catalog/w6634366r#?c=&m=&s=&cv=1&xywh=–2769%2C–762%2C6737%2C2197

17. 城市規劃的一個概念，指大城市邊緣的小型城市。

18. 規劃署(2021年7月)。城市規劃。
https://www.pland.gov.hk/pland_tc/press/publication/hkfacts/index.html

19. 規劃署(2021年7月)。
https://www.pland.gov.hk/pland_tc/press/publication/hkfacts/index.html 及
城市規劃委員會(2020年7月)。https://www.info.gov.hk/tpb/tc/about_us/intro.html

20. 地政總署(2021)。「小型屋宇事項」相關刊物。
https://www.landsd.gov.hk/tc/small%20house/small%20hse.htm 及
地政總署(2020)。興建新界豁免管制屋宇須知–《建築物條例（新界適用）條例（第121章）的規定。https://www.landsd.gov.hk/tc/images/doc/Building%20NT%20Exempt-ed%20Houses_c.pdf

香港保育源起

關於自然保育

在清晰的保育政策出現以前，有1937年制定的香港法例第96章《林區及郊區條例》，規定任何人均不得在政府土地上進行生火、剪草及砍伐樹木等破壞自然環境的行為。不論生態價值高低，在官地上均不能破壞環境。

前文已提及政府於1960至70年代開始醞釀並制定了《郊野與大眾》報告，當中提出了保育（Conservation），特別是針對「自然保育」的概念，其定義是「為大眾的福祉及以供使用，會以珍重和審慎的方法管理天然資源」[1]。報告有交代，該論述是源於1965年英國執政工黨的相關政策理念，其目的包括：保存現有生態系統避免惡化、讓有關範圍可作生態研究、提供本地植物品種以作參考，以及供野生生物棲息等。

港英政府於1976年訂立了香港法例第208章《郊野公園條例》，將一些具生態價值的地點劃定為郊野公園，並規管其中所進行的活動，以保護當中的植物及生物。除了有需要的郊遊設施，郊野公園範圍內亦不會作城市化的發展。

根據《郊野公園條例》，被劃定為「郊野公園及特別地區」的地方，會有土地使用的管理，以免出現相當程度上減損郊野公園的享用價值及宜人之處。

郊野公園及特別地區可推行的措施，應符合以下目的：

- 鼓勵為康樂與旅遊目的而使用和發展郊野公園及特別地區；
- 保護郊野公園及特別地區內的花草樹木及野生生物；
- 在不損害《古物及古蹟條例》（第53章）的規定的原則下，保存和保養郊野公園及特別地區內有歷史或文化意義的建築物及地點；及
- 提供設施及服務，使公眾人士得以享用郊野公園及特別地區；

此外，《郊野公園條例》亦禁止殺死、獵捕、設陷阱捕捉、騷擾或打擾任何種類的野生動物，或拿取、摧毀或干擾花草樹木，以及作出任何會干擾土壤的事情；同時，亦禁止野餐、燒烤、露營、游泳、販賣、廣告宣傳及釣魚等活動。

沙頭角梅子林後方，其實正與船灣郊野公園接壤，村範圍亦被歸類為郊野公園的「不包括的土地」。有關「不包括的土地」的爭議亦促成了往後的「新自然保育政策」，這亦可以說是鄉郊保育的雛形。兩者的法例和政策可說是相當接近，但由於前後促成的社會事件近因不同，措辭用字所導向的公眾期望也不同，兩者便不盡相同。「新自然保育政策」較傾向加強自然保育的範圍，「鄉郊保育政策」則進一步增加了鄉村持份者的角色，此部分會在下文「鄉郊因何保育」詳談。

關於文物建築保育

就文物保育方面，香港同樣於1976年訂立了香港法例第
53章《古物及古蹟條例》，為「保存具有歷史、考古
及古生物學價值的物體，以及為附帶引起的事宜或相關
事宜」，提供了執行的權力及相關決策架構。現時的文
物政策，對於法例所指具相關文物保育價值的東西和事
物，大致會歸納為「具考古研究價值的地點」及「法定
古蹟」兩大類。

至於不受法例涵蓋者，部分於1990年代的全港歷史建
築普查被記錄下來，經初步評估被認為具較高文物價值
的，會歸類為「歷史建築」。它們可說是有望日後成為
法定古蹟的候選名單，而政府亦有相關政策鼓勵業主作
保育。這三類文物建築多數是一處或一幢能清晰定義面
積範圍的構築物，少數屬一組多幢的古蹟群，如中環大
館的前身為包含共17幢構築物的「中區警署建築群」，
以及尖沙咀1881的前身「水警總部建築群」；而薄扶林
舊牛奶公司牛棚遺址，則因支離破碎，一項建築卻要分
拆成62項構築物，再提交予古物諮詢委員會進行討論及
評級。

這樣的制度和概念自有其限制，以慶春約七村之中規模
最大的荔枝窩為例，背後有風水林，村屋的佈局亦完
整，但當中只有協天官和鶴山寺獲古物諮詢委員會評為
「二級歷史建築物」，對於全村作為一個整體的文化景
觀，並沒在制度上得到識別和認可，同時對這累積逾300
年的「鄉郊文化景觀」(Rural Cultural Landscape)，當
中所包含有形及無形的文化元素，亦欠缺一套論述和闡
釋。

此外，社會近20年非常關注如何保育私人持有的歷史建築。在尊重私人產權的前提下，政府於2007年推出「新文物保育政策」，為建築物業主提供誘因，包括不同形式的補償，即換地及各項資助計劃等。

保育價值與不改動幅度

古物諮詢委員會於2009年公開了全港合共1,444幢初步評估具一定保育價值的歷史建築紀錄。有關評估是按照所掌握資料而推論出來的保育價值，為政府提供優次參考，以準備按法例將合適的歷史建築列為法定古蹟。

有關三個評級定義如下：

一級歷史建築物 具特別重要價值而可能的話須盡一切努力予以保存的建築物

二級歷史建築物 具特別價值而須有選擇性地予以保存的建築物

三級歷史建築物 具若干價值，並宜於以某種形式予以保存的建築物；如保存並不可行則可以考慮其他方法。

這種連同日後建築物拆存處理同步建議的評級，除了未能
涵蓋建築物以外周邊環境與毗鄰建築的整體性外，亦簡化
地將「文物保育價值」等同於「建築物可改動幅度」，即
價值越高，可改動幅度越低。

千禧年以後，香港經濟發展加速了舊建築物的拆遷，民間
對保存歷史建築的訴求更趨明顯，城市加速發展亦激化了
民間的保育訴求，對沒有法律約束力的歷史建築評級制
度一直也有不滿之聲。民間傾向及推崇「原汁原味」[2]、
「完整保存」、「原址保留」、「原封不動」、「不要假
古董」及「不拆不遷」等處理方法。此舉亦逐步建構和鞏
固了社會上一種彈性不大的保育觀念。

此外，《環境影響評估條例》於1998年4月1日實施，法例
要求指定的工程項目，需要透過環境影響評估程序及申請
環境許可證的機制，以避免、盡量減低或控制指定工程項
目對環境所產生的不良影響，保護「自然環境」及「古物
古蹟」。

關於非物質文化遺產

在上述有關「自然環境」及「古物古蹟」兩大具實體範疇的法定保育框架以外，聯合國教育、科學及文化組織於2003年通過《保護非物質文化遺產公約》。香港民政事務局隨後於2008年亦成立了非物質文化遺產諮詢委員會，並進行普查、研究與推廣的工作。

非物質文化遺產是指被各社區、群體，甚或個人，視為其文化遺產組成部分的各種社會實踐、觀念表達、表現形式、知識、技能，以及相關的工具、實物、手工藝品和文化場所。這種非物質文化遺產世代相傳，在各社區和群體適應周圍環境，以及與自然和歷史的互動中，不斷地再創造，為這些社區和群體提供認同感和持續感，從而增強對文化多樣性和人類創造力的尊重。

具體而言，非物質文化遺產包括以下各方面：

- 口頭傳統和表現形式，包括作為非物質文化遺產媒介的語言；
- 表演藝術；
- 社會實踐、儀式、節慶活動；
- 有關自然界和宇宙的知識和實踐；
- 傳統手工藝

「保護」，是指採取措施，以確保非物質文化遺產的生命力，包括確認、立檔、研究、保存、保護、宣傳、弘揚、傳承(主要通過正規和非正規教育)和振興。

康樂及文化事務署於2009年8月委聘香港科技大學華南研究中心進行全港性非物質文化遺產普查。經過三年多的時間，整項普查工作於2013年年中完成，他們就接近800個本地個案進行了廣泛研究和實地考察，再經委員會討論後，遂決定推薦了一份包含477個主及次項目的香港非物質文化遺產建議清單，其後修訂為480項。

不過，就非物質文化遺產的保育，香港並不存在法例的規管。非物資文化遺產諮詢委員會的工作主要是研究、推廣及提供資助予民間進行有關工作。

按《香港非物質文化遺產清單》，嘗試簡略點算梅子林的情況，村民懂得或能找到相關線索的項目羅列如下：

客家話、舞麒麟、沙頭角慶春約建醮、大門旁貼揮春、螳螂拳、醃菜製作技藝、糯米酒釀製技藝、糉製作技藝(灰水糉)、茶粿製作技藝、清明仔(雞屎粿)製作技藝、客家菜菜式、花炮、燈籠、傳統鄉村建築修繕工藝(夯土)、雞隻飼養技藝[3]、豬隻飼養技藝等。

鄉郊環境的多樣性與不干預式保存的矛盾

總括而言，香港有關保育「自然環境」及「古物及古蹟」的法例，分別為「範圍較狹窄」的古蹟及自然環境，提供了一個最高規格的法定保存標準，規定在這有限範圍內盡量避免人為干預及改動。

另一方面，民間近20年來在追求和爭取保育的過程中，往往會參考這些法例作為標準，建構出接近最高規格的保育期望[4]，這本來無可厚非，但這期望放諸於由農耕社區與生活互動孕育出來而「範圍較廣闊」的鄉村(或鄉郊)環境，則很可能出現了期望落差，甚至矛盾，因為鄉郊環境是隨著人為的農耕作業而帶來變化，若認同某些傳統作業屬「非物質文化遺產」，需要尊重和保護，那麼環境上隨之而來的變化則不必視為破壞。可是，這種變化的不確定性，卻又往往令社會產生不信任和爭議，討論一直未能梳理和釐清。

右圖嘗試展示鄉村（或鄉郊）往往會包含了「自然生態」、「古物及古蹟」及「非物質文化遺產」等三大範圍的保育價值，其中毗鄰郊野公園、但涉及私人業權的高生態價值地區，即「不包括的土地」便有71幅。同時在現行文物建築保育政策下，亦可能因為未有足夠研究支持，社會上不少具保育價值的歷史建築或構築物，未能受現行法例保護或受惠於政策上的支援。再加上現時未有法例規範的非物質文化遺產，社會在如何保育或維護的方向上仍處於摸索階段，政策推動只在記錄及宣傳，而對促成和互動共生的客觀環境，包括「自然生態」與「文物建設」，甚至「持份者角色」等因素，卻未有扣連處理，這都是我們從梅子林的四時節令記錄中所體會到的複雜性，相信需要有更完整的論述來理解鄉郊保育。

註

1. *The Countryside and the People.* (1976). Paragraph 4.10, "The term conservation, which has recurred frequently in our discussion, is taken to mean the husbanding or careful management of natural resources for the use and welfare of the community".

2. 從Google搜尋器輸入「保育」和「原汁原味」的關鍵詞，會出現大量的文件，當中包括新聞報道、各區議會及立法會的討論文件，政府的新聞公告等，當中都顯示民間有對文物建築盡量避免干預的訴求。

3. 受現行衞生及環保條例限制，鄉村已不能以傳統方式飼養雞隻及豬隻。

4. 有關期望的具體例子，如民間團體多年來亦批評歷史建築評級制沒有法律約束力，在要求古物諮詢委員會就某些歷史建築物進行評級時，亦多要求有關建築評為一級，有關期望都是傾向要獲保育的項目能減少改動。

文物建築保育

古物及古蹟條例

受法定保護的法定古蹟及考古或地點；大部分的古生物定古蹟均不能拆卸，現時遺蹟，界內坐落於鄉村內的中式建築。

自然保育

郊野公園條例

提供了一個最高規格的法定保存標準，規管自然環境範圍內任何可能與保育環境不協調的活動

非物質文化遺產保育

香港非物質文化遺產建議清單

現時沒有法例規範，但社會探取遺施以確保其生命力，包括認文化質遺產的保存、研究、保護、立檔、宣傳、弘揚、傳承和振興。

小型屋宇政策

《分區計劃大綱圖》中，年滿18歲，父系源自1898年時為定新界認可鄉村的原居民的指科學男性居民，得以一次向地政署民，得在其所屬鄉村內的政府土申請，建造一所面積受規限的自住區「自然保育」「自然保護地帶」(GB)、「鄉村式發展」(V)及「農地用「鄉村式發展」(V)及「農地用途」(AGR)

城市規劃條例

在法定《分區計劃大綱圖》中，有關自然保育或鄉郊土地的指用途分類，就有「特別科學價值地點」(SSSI)、「自然保育區」(CA)及「綠化地帶」(GB)、

自然及文物保育並存的部分，現時主要位處郊野公園內，以「不干預式規限」的高規格保育標準處理

新自然保育政策處理私人優先是去保有的高生態價值地點

鄉村

透過自然與生活互動而孕育出來的鄉村/鄉郊環境

不包括土地

本研究聚焦的部分

鄉郊因何保育

上文交代了香港在自然及文物保育上的法例及政策，它們都是在1970年代後期成形。此後數十年間，本港出現了多次標誌性的自然保育案例，其中1970至80年代的米埔，屬法例訂立後的初期階段演繹。到了1990年代的塱原事件，以及2000年後的鎖羅盆及大浪西灣事件，則因應社會更重視環境保育、公眾高度關注發展可能破壞私人持有的自然環境，促使政府進一步介入及調整政策，催生出2004年的「新自然保育政策」，這其實亦可視為鄉郊保育政策。直至鹽田梓及荔枝窩的案例，則開啟了對鄉郊保育更廣闊的定義及執行方法。這些事件都大致展示了本地鄉郊保育的發展及演變脈絡。

1970至80年代：
以自然保育為主導的鄉郊保育

個案一：

米埔自然保護區

位於元朗平原西北方后海灣地區中的米埔，以及毗鄰的大生圍、豐樂圍及南生圍等地，是一片由紅樹林、泥沼、魚塘等元素組成的濕地，範圍約共1,500公頃，屬於「有機地演變的景觀」（Organically evolved landscape），即建基於現有的自然環境，再經由社群的生活、經濟作業方式，或關聯宗教等活動互動而形成的景觀文化。

科學家指出，濕地吸納二氧化碳的能力遠較森林高，因而對緩和地球暖化有重要作用。國際間為了保護全球的濕地，於1971年簽訂《拉姆薩爾公約》，英國於1976年加入，1979年遂將其條款延伸至香港；政府同年亦將米埔濕地列為「具特殊科學價值地點」，受法例保護。但鄰近的魚塘，則多列作「自然保育區」，其中不少土地的業權更是由私人持有。

米埔自然保護區，是后海灣地區大片濕地中的一部分，佔地約380公頃。其中約一半的面積，是使用「基圍」養蝦的傳統魚塘。香港政府於1950年代將米埔一帶劃為邊境禁區，從此限制其發展，讓環境得以保存下來。至1983年，政府與世界自然基金會香港分會簽訂保育協議，將自然保護區交由該分會管理，包括延續傳統基圍養蝦作業、生物多樣性的監察，以及推行環保教育活動。至今，市民必須預約，並繳付200元的導賞費用，才可以前往參觀。米埔自然保護區，可說是禁區中的禁區，人流完全受控，人為破壞可以減至最低。

米埔自然保護區及鄰近的濕地至今亦大致保持完整，在政府1997年完成的《后海灣地區魚塘生態價值研究》中，毗鄰米埔的大生圍、豐樂圍及南生圍，其實亦同樣獲確認為具有國際及區域生態功能的魚塘系統，但它們在現有法定規劃上只列作「自然保育區」，或「其他指定用途（綜合發展及濕地改善區）」，可說是扮演著米埔周邊緩衝區角色的同時，會在有條件下容許發展商提出連同「濕地修復方案管理計劃」的城市化發展。

這種平衡私人土地使用權及自然保育的規劃方法，社會上的爭議多年來仍然持續。

個案二：

塱原保育事件

塱原位處香港新界上水，是雙魚河及石上河匯聚處沖積而成的三角泛濫平原，是香港最大的農耕式淡水濕地。受惠於兩河大雨泛濫帶來的礦物質及養分，塱原土地肥沃、水源充足，昔日塱原農民主要種植稻米，及至1970年代起，農民則利用濕田耕作模式種植西洋菜及通菜，間接形成了塱原的濕地環境。

為紓緩羅湖車站的擠迫情況，九廣鐵路公司於2000年建議興建上水連接至落馬洲的鐵路支線，原定興建一條架空車橋橫越塱原濕地，連同擬建的西鐵二期，將會令塱原濕地一分為三。當時社會各界及多個環保團體均反對此項計劃，認為塱原記錄到全港約超一半的鳥種，其生態價值無可取代。

根據當時落馬洲支線環境評估報告，穿越塱原的走線是唯一方案，然而為了補償因工程而受破壞的塱原濕地，九鐵公司建議在架空車橋下及附近建立人工濕地。2000年7月，環境諮詢委員會內部出現意見分歧，對九鐵的環評報告不作表態，最後決定交由環保署定奪。時任環保署署長則於同年10月宣佈否決該份環評報告。政府的新聞稿指出，報告內「其中多項為消減在施工期間對環境構成影響的建議措施未必實際或有效。在施工期間，可能會出現嚴重破壞生境的完整性、重大干擾和生境的破壞」。後來《時代雜誌》把有關決定評為全球五大環境好消息之一。這次事件亦成為《環境影響評估條例》於1998年生效至今，唯一一個不獲通過的環評報告。

九鐵隨後就有關決定提出上訴，代表環保署的資深大律師余若海在陳詞時指出，塱原應重新規劃成為生態公園，對本港環境有長遠利益。環境諮詢委員會一致否決九鐵的上訴，最終九鐵擱置原訂方案，額外花費逾20億元，改以挖掘鐵路隧道越過塱原濕地。

塱原雖得以保留，卻仍繼續面對非法傾倒泥頭、改變農地用途等的威脅，但最大的問題是農耕人口老化，本地農業式微。一旦農田荒廢，濕耕農地乾涸，保育價值便大為降低。至於改種經濟價值較高的花卉或溫室蔬果，亦會減少適合雀鳥棲息的生境和食物。由於塱原位處私人土地之內，如何保育「具重要生態價值的私人土地」遂成為另一個迫切議題。為此，特區政府於2004年推出「新自然保育政策」，選定12個須優先加強保育的地點，並推行管理協議試驗計劃和公私營界別合作，塱原是12個優先保育地點之一。

2005年，環保組織長春社及香港觀鳥會於塱原開展「塱原自然保育管理計劃」，屬於新政策發展後首批管理協議試驗計劃。項目與當地持份者（主要是農民）簽定管理協議，將荒廢農地轉為濕地，推動可持續生態管理計劃，重新種植水稻等作物以維持濕耕農地，也協調耕種及保育活動。管理協議營運15年，塱原米等出產日漸穩定成熟。在當地出現的雀鳥種類亦由2005年的228種增加到2014年的299種，佔本港出現雀鳥種類的三分之二。

2007年香港政府發表《香港2030》，建議開拓古洞北、粉嶺北、坪輋／打鼓嶺及洪水橋新發展區；土木工程拓展署聯同規劃署在2008年6月展開了「新界東北新發展區規劃及工程研究」，研究於2013年完成，期間當局就有關規劃進行三次公眾諮詢。古洞北新發展區以「多元化發展中心」為發展主題，其中塱原被規劃作「自然生態公園」。

塱原地區約有37公頃的土地普遍具高生態價值，這些土地指定為「其他指定用途」，註明是「自然生態公園」地帶，以作長期保育。這是新發展計劃中重要的一環，亦是一項原區進行的紓緩生態影響措施，為的是補償因進行新區發展計劃而失去的濕地。此地帶的規劃意向，主要是發展自然生態公園，以保護及優化現有的濕地生境，目的是為區內生態的利益及推廣自然保育和教育。除非必須進行發展以助保護濕地生境的生態完整，或者是絕對基於公眾利益而須進行的基礎設施項目，否則此地帶內不准進行新發展。

直至2019年，政府正式收回塱原的土地，目前正在開展自然生態公園前期工程，包括清除和控制荒廢農地上的雜草、移除石棉瓦、興建儲物屋，移除不合規格的建構物、修建灌溉水道及貯水池。而靠近燕崗村一帶將成為未來塱原自然生態公園的遊客區，園內興建的相關設施包括觀鳥屋、淨水設施等。前期工程由土木工程拓展署及其承辦商負責，及後將交由漁農自然護理署管理。

另一方面，塱原北邊，位於河上鄉的農地，並非自然生態公園所涵蓋的範圍，長春社及香港觀鳥會則繼續按鄉郊保育資助計劃與當地地主和農民協作，延續各保育管理措施。

2000年代：
位於郊野公園邊陲的私人發展爭議

個案三：

鎖羅盆斬樹事件

與沙頭角梅子林同屬慶春約七村之一的鎖羅盆，同樣空置多年，有行山人士在2008年年中向環保團體投訴，指該村出現大規模砍伐樹木的情況。當時傳媒報道指，遭斬去的樹木約近400棵，附近位置亦被堆上建築廢料。不過，當時政府並未就鎖羅盆範圍制定法定規劃圖則，故沒有規劃上的法例限制。村內範圍，特別是私人持有土地，並不在郊野公園範圍內，此乃「不包括的土地」。是次事件就催生了保育上灰色地帶的討論。

當時有社會人士質疑，這是「先破壞、後發展」，藉著制定地區草圖前大量砍伐樹木，降低土地的生態價值，減低日後城市規劃委員會（下簡稱「城規會」）把土地改劃為限制其發展用途的機會。不過，村民方則指，他們原意是想要復村，是不忍心家鄉荒廢而作出修整，但想法卻因強烈的社會回響、政府阻礙和資源缺乏而舉步維艱。

直至2013年9月，城規會展示首份擬定的《鎖羅盆分區計劃大綱草圖》(S/NE–SLP/1)，當中最具爭議的便是「鄉村式發展」土地範圍的面積，最初的建議為4.12公頃，是規劃署根據村代表提出未來10年男丁增長數目而推算增建村屋需求而擬定。草圖在展示期內，共收到10,748份申述書及3,673份意見書，可見已引起社會關注及積極回應。為此，城規會要求規劃署作出修訂，翌年便提出將部分「鄉村式發展」土地改為「綠化地帶」，令面積削減至2.48公頃，但有市民對城規會該決定仍然不滿，遂入稟高等法院申請司法覆核，並最終勝訴，促使城規會再進一步將1.37公頃的「鄉村式發展」土地改為「農業」地帶。

村民遷往市區多年，村內現有樓房亦已是空置。對於村民來說，規劃圖則雖然呈現鎖羅盆可能建屋的權益，然而這裡卻欠缺實際建屋所需的客觀條件，如交通或基建配套等，事件亦反映價值觀與立場的不同。

個案四：

大浪西灣事件

時值2010年，有私人收購了西貢大浪西灣本屬原居民持有的土地，並計劃興建住宅及有機農莊，土地亦屬「不包括的土地」。由於土地毗鄰西貢東郊野公園，環境優美怡人，事件引起市民極大反響，經傳媒廣泛報道，當事人亦涉嫌在未有事先提交發展建議書供部門考慮下，進行非法工程及佔用政府土地。在各方壓力下，有關部門採取了行動，項目最終在同年7月暫時停工。隨後，發展局和規劃署指定有關地點為「發展審批地區」；漁農自然護理署則於2013年進一步將大浪西灣的「不包括的土地」納入郊野公園範圍。

大浪西灣事件後，申訴專員就保育郊野公園的「不包括的土地」進行主動調查，並建議政府應從速將本港餘下40幅「不包括的土地」制定法定規劃圖，把它們納入郊野公園。同時，申訴專員又建議，待漁護署根據郊野公園及海岸公園委員會修改後的準則，考慮將值得保育的私人土地納入郊野公園範圍。

事實上，漁護署一直認為，鄉村和農地亦可以與郊野公園的自然環境融合，而在指定某地區為郊野公園時，當局不應為村民及土地業權人的合法權益(包括興建小型屋宇)帶來負面影響，以免招致他們提出反對及向政府索償[1]。該署認為把有關土地納入郊野公園並不可行，為保育而以公帑購回土地亦屬不可行。

然而，因著社會對保育日益關注，大浪西灣事件最終促使政府在2010至2011年度的《施政報告》中，承諾將54幅「不包括的土地」納入郊野公園範圍。

法例規範以後的保育支援政策

就大浪西灣事件，政府回覆立法會的文件指：「一旦根據《郊野公園條例》把郊野公園『不包括的土地』納入相關的郊野公園，總監即會積極管理該等土地。當局不大可能會批准在郊野公園範圍內進行不協調的發展工程及活動。當局會加強對該等『不包括的土地』的保育和管理，以確保該等土地及毗鄰郊野公園的完整性及景觀價值免受破壞。對旅客而言，當局會設置郊野公園設施，並豎立指示標誌／告示牌提醒旅客在戶外注意安全。當局亦會展開宣傳及教育工作，鼓勵旅客欣賞自然美景，並提醒旅客切勿破壞自然環境。期望旅客會為當地村民帶來商機。」

為鼓勵村民參與保育土地，政府在2011年根據新自然保育政策管理協議計劃，把涵蓋範圍擴展至郊野公園「不包括的土地」及郊野公園內的私人土地。根據管理協議計劃，政府當局會撥款資助合資格非牟利團體與土地業權人訂立管理協議，籌辦與協調保育工作。

> 上述的個案，都是因為環境受到可能破壞和威脅而促成最終的保育計劃及政策。至於下面的情況，反而是因為地方偏遠、交通隔絕而令鄉村經歷長時間荒廢。適逢其會，村民及民間團體期望復村，治理破落情況。這與過去旨在延緩，甚至避免建設干預的「自然保育」方向並不完全相同。

2010年代：
村民與第三方合作的鄉郊保育

個案五：

鹽田梓保育項目

鹽田梓，是位於新界西貢海的一個小島，根據香港考古學會於2013年的發掘出土文物推論，島上歷史可追溯至漢代。較近代的村歷史，則約在300年前，陳孟德夫婦遷居至此，並以曬鹽維生。直至1841年，天主教教宗委派傳教士來香港傳教，有傳教士來到鹽田梓，陳氏家族多人信主並加入教會，捐地興建天主教教堂及學校，令該島成為天主教在香港的主要萌芽地區之一，寫下了該村獨有的歷史文化身份。

至1990年代，島上所有村民遷出，村落開始荒廢，其中建於1890年的聖約瑟小堂曾一度考慮停止瞻禮，引起居民反響，天主教香港教區於2000年引入慈善基金的捐款開展修葺工程，當時資金有限，遂採用「不加不減」的方針進行復修。至2004年中，重修工程大致完成。2005年，教堂獲頒發聯合國教科文組織亞太區文化遺產保護優良獎。

鹽田梓村民與一群熱心文化生態保育的人士，於2011年成立了鹽光保育中心，籌集資金，共同開展鹽田和村屋的復修，推動宗教文化生態的保育及教育工作。2015年，鹽田復修項目亦獲得聯合國教科文組織亞太區文化遺產保護傑出獎。

政府於2018年更宣佈撥款2,400萬予旅遊事務署籌辦為期三年的「鹽田梓藝術節」，當時有指構思是參考了日本「瀨戶內海藝術祭」的成功案例，希望藉此吸引遊客，推動本港旅遊業發展。

個案六：

荔枝窩鄉郊保育項目

位於新界東北沙頭角半島的荔枝窩，有船灣郊野公園、荔枝窩特別地區及印洲塘海岸公園所環繞，亦是香港聯合國教科文組織世界地質公園的一部分。荔枝窩內的客家圍村，有超過300年的歷史，在1950年代，政府於沙頭角設立禁區，令該區交通加倍不便；至1960至70年代，農耕謀生越見困難，村民便陸續外出工作，區內鄉村與香港其他村落一樣，日漸凋零。

長春社、香港鄉郊基金聯同香港大學公民社會與治理研究中心，早於2013年，取得外界資金支持，開始在荔枝窩與部分村民一同進行復耕、復育農產社區經濟、復修部分村屋，並推動環境教育等。由於有關鄉村缺乏基建及交通，推行復修工作早期，困難重重。

在外界資源及熱心人士持續支持及推廣下，荔枝窩有部分村民回流移居回村，加上有遷入村的新農夫，形成古鄉新社區，近年每個周末亦吸引不少遊人到訪。

香港大學公民社會與治理研究中心的荔枝窩永續鄉郊活動項目，在2020年獲聯合國教科文組織亞太區文化遺產保護獎，授予「可持續發展特別貢獻獎」的殊榮。至2022年，部分村屋經復修改成為民宿，陸續供市民租用留宿體驗鄉村。這些工作都讓荔枝窩成為香港的鄉郊新景點，開創鄉郊保育的一種模式。

原居民的社企——暖窩

隨著外界為荔枝窩引入復耕及各項復育工作，村內的原居民於2015年亦組成社企「暖窩」，2021年正式獲稅務局認可為一間慈善機構，以支持及共同建構荔枝窩的可持續發展（保育與發展並重）為目的。暖窩成立目的包括：

- 保存荔枝窩作為客家圍村的完整性及維持周邊自然環境和美好景觀；
- 承傳客家文化；
- 開創可持續發展模式，為居民提供就業機會；及
- 促進荔枝窩成為可持續發展教育及培訓中心。暖窩的盈餘將回饋於村中作教育、改善鄉村環境之用途，以及用於鄉村的可持續發展 。

2016年暖窩和香港鄉郊基金取得香港賽馬會慈善信託基金資助開展「荔枝窩客家生活體驗村」項目，同期開展導賞義工培訓，其後亦獲得鄉郊保育資助計劃撥款開展兩項村中項目，以強化荔枝窩活化進程，成為香港少數由原居民組成推動鄉郊復育工作的社企例子之一。

鄉郊保育辦公室成立

2017年，施政報告承諾推動城鄉共融，以荔枝窩和沙螺洞作為試點，促進偏遠鄉郊的長遠可持續發展，並預留資源成立「鄉郊保育辦公室」。鄉郊保育辦公室在2018年7月底成立，隸屬環境保護署，統籌不同部門的保育鄉郊計劃。

辦公室同時預留五億元撥款，以支持非牟利機構牽頭推動的鄉郊保育項目，而鄉郊保育計劃執行地點荔枝窩附近的慶春約村落，也成為了計劃早期的受惠對象。自2019年起，獲批准的資助項目共33項，其中九項為「自然保育管理協議項目」，六項為「文物建築復修計劃書的擬定」，15項為「鄉郊保育及復育研究活動」，餘下的三項則為「文化復興／復育項目」。

年度	獲批項目總數
2022–2023	3
2021–2022	13
2020–2021	15
2019–2020	2

小結

總括而言，香港開埠180年來，因應城市化發展的先後
次序，便有了「現有及計劃發展區」與「未發展地區／
郊區」的區別。香港政府自1970年代起，在整體規劃發
展時，便進一步在「未發展地區／郊區」推行自然保育
措施，並就土地規劃、自然保育或郊野公園，以及文物
保育等範圍制定了相關法例。

同時，對於多數位於「未發展地區／郊區」的原居民鄉
村，政府一直亦因應《展拓香港界址專條》中的協議，
以及1997年政權交接後基本法第40條的精神，採取較
少介入以免影響其傳統權益的管治手法。如在自然保育
及土地權益兩者出現矛盾時，政府會透過資助方法引入
第三方非牟利團體，與村民達到管理協議，藉以延續或
保存有賴傳統作業以維持的自然生態環境。直至政府再
擬定有關地區成為「郊野公園」或「計劃發展區」後，
則再會交由政府相關部門接手管理，成為常規的公共設
施及服務。

不過，正因為現時法例將「自然環境」及「文物建築」分開處理，以致人在其中生活的「人文文化」未能有對應的法例及政策處理；而本地鄉村村民在自然環境當中，因傳統作業與自然互動而形成的事物（可稱之為「鄉郊文化景觀」），則未有足夠的論述支持。這在近年提出的「鄉郊保育」議題時，有需要先認識及確認該地的「鄉郊文化景觀」，這亦是本研究計劃的重點，並透過梅子林具體情況來作分析探討。

註

1. 香港申訴專員公署(2011)。「對郊野公園『不包括的土地』的保護措施」主動調查報告。頁4。

第四章

關於鄉郊

文化景觀

理解文化景觀

上文論及香港有法例對「文物建築物」及「生態環境」作出保護，但對於「鄉郊景觀」這個以系統作為整體的認識，以及其中各元素之間關係的論述，則非常有限。其實，國際保育界也經過多年討論，才建立起對於鄉郊作為文化遺產的一套論述與保育標準。米蘭理工大學建築學、建築環境和建築工程系教授Lionella Scazzosi的〈關於鄉村景觀遺產的準則〉[1]，便闡述了這些年來，國際保育界就有關鄉村景觀遺產的準則的演變發展及其背後的考量理據。

國際條約與標準

「文化遺產」（Cultural Heritage）這觀念在20世紀經歷了逐步的轉變，由最初保育教堂、宮殿、堡壘等單一的建築／紀念物，慢慢伸延至古城中心、工業遺址、歷史園林等地方。聯合國教科文組織於1972年通過《保護世界文化和自然遺產公約》，將遺產分為「文化遺產」和「自然遺產」兩類，並為它們下了清晰的定義：前者包括文物、建築群和遺址，後者則包括自然面貌、動植物生境區及天然名勝。然而，這樣的二分法無疑讓遺產名錄的審批越見困難，尤其是那些原本具自然價值，但長久以來被人為利用的地方，便很難清晰將它歸類。到了1987年，聯合國教科文組織世界遺產委員會提出「混合遺產」（Mixed Site）的概念，用來定義那些兼具自然與文化遺產屬性的地方[2]。他們之所以提出「混合遺產」是基於過去專業「一刀切」分工的背景，此說是有助推動兩範疇的工作結合，這情況就如香港特區政府的環境與文物保育分別隸屬兩大決策局一樣，有關討論將在第五章再深入闡釋，而這些討論在國際間早已展開。

以「文化景觀」理解「鄉郊」

世界遺產委員會於1992年提出了「文化景觀」（Cultural Landscape）的概念，取代原來較通用的「場所」（Site）。他們將「文化景觀」定義為「自然與人類的共同作品」，認為它展現了人類社會和居住地在自然、外在機遇和環境下的變化，當中尤其強調「人類與其自然環境交互作用下多元的表現形式」。

文化景觀

「文化景觀」可細分為三個類別,分別是「人類刻意設計及創造的景觀」(Landscape designed and created intentionally by man)、「有機地演變的景觀」(Organically evolved landscape)及「聯想的文化景觀」(Associative cultural landscape),其中「有機地演變的景觀」又按情況分為「殘存的景觀」(Relict landscape)及「連續的景觀」(Continuing landscape)兩類(詳情可參見下表)[3]。

類別一
人類刻意設計及創造的景觀

人類刻意興建的景觀,包括花園或公園等。

例子:深井龍圍花園、虎豹別墅毗鄰的萬金油花園

1998年萬金油花園

圖片來源:
Photograph by Wikipedia user: Wpcpey, 1998.

類別二

聯想的文化景觀

具有強大的宗教、藝術或自然元素的文化聯繫，屬非物質性。

例子：
昂坪山脈的風水線、屏山鄉「毛蟹局」風水

屏山鄉「毛蟹局」

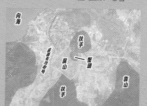

類別三

有機地演變的景觀

由自發性的社會、經濟、行政或宗教需要觸發，同時經由其中自然環境之關聯和回應，發展成目前的形式。

連續的景觀

指當代社會中，以傳統生活方式保持著活躍社會角色的景觀。它持續地發展的同時，也保存了歷史進化的獨特物質證據。

例子：大澳、屏山鄉、薄扶林村、麗江古城、米埔

殘存的景觀

指景觀的進化過程，在過去某個時間點結束了；然而其物質形態仍存在獨特可分辨的特質。

例子：龍津石橋

2015年大澳

圖片來源：
Photograph by
Wikipedia user:
Chensiyuan, 2015

學術界提出了「文化景觀」的定義後，大大擴闊了文化遺產的範圍，由從前以精英、藝術、歷史導向的文化遺產保護，伸延至人文與生活的面向[4]，許多與人類生活相關的案例逐漸被認同，成為了文化遺產的一員。在這個相對廣闊的定義下，大概任何稱得上有人與自然互動的地方，都可以進入「文化景觀」的門檻。

Lionella Scazzosi在其文章指出，有關研究的專家工作小組早於1985年已經提出：「所有鄉郊都是景觀」，連最普通的耕作土地也應包括在內。他們認為，唯有增加對各類景觀的認識，才可以從中區別出具有特殊價值的場所，故此必須進行大量的研究[5]。因此，國際保育界開始了對與放牧、稻米種植、鄉土部落等有關的景觀進行個別主題研究，亦開始衍生出一些計劃，例如聯合國糧食及農業組織建立的全球重要農業文化遺產系統，以維持在地技術的傳統及鄉郊農業知識為目標；又如2003年的《保護非物質文化遺產公約》，它確認了特定農業傳統技術的價值，故此在保護非物質文化遺產的同時，間接地保護了它的物理特徵。

學術界經過多年的研究與努力，國際社會開始理解鄉郊景觀的歷史及文化價值。至於如何維護這些景觀，對於個別出眾的景觀可能會比較清晰，但一般來說仍然是缺乏標準與策略。這些年來，文化景觀的保育有成功，也有失敗，原因亦很多樣，例如計劃缺乏跨專業界別及持份者的參與，較難解決各方爭議而達成具體政策，的確意見分歧是常態。同時，現在要評估遺產的痕跡亦越見困難，尤其對於原真性（Authenticity）的概念的轉變，以至於接受不同年代所增添的元素，並視之為其歷史義意所在[6]。這對於「連續的景觀」來說，亦尤為重要。

一切鄉村皆是景觀

基於這個命題，保育界需要建立一套有關保護、推廣及管理各類鄉郊景觀的準則。2017年，國際古蹟遺址理事會與國際風景園林師聯合會發表《關於鄉村景觀遺產的準則》（下簡稱「準則文件」），提出「鄉村景觀」及「鄉村景觀遺產」的定義，以及「鄉村景觀」之所以整體作為文化遺產的理據。簡言之，「鄉村景觀」就是社群生活其中，善用自然資源和能源，逐步建立出生產與生活系統，這包含了「物質與非物質文化遺產，藏著技術、科學、實用知識，以及人與自然之間的關係」等方面的價值。

準則文件大大擴闊了「鄉村景觀」的定義，即「一切鄉村皆是景觀」。它指出遺產可以與不同的歷史時期有關，並且以不同形式及層次存在，故此不論景觀獨特與否，也不論它是傳統留存下來，還是被現代活動改變，所有鄉村地區都可以當作遺產來解讀。

準則文件亦有相當篇幅闡述鄉村景觀遺產的重要性、其面臨的威脅與挑戰，以及為社會帶來的效益。它亦特別提到許多鄉村體系長久以來也被證明具備可持續性和發展彈性；而由於景觀有機會經歷持續、不可逆轉及不可避免的變化過程，故此在制訂鄉村景觀政策時，應將重點放在兩方面，一是景觀變化的管理，這些變化是可接受的、適當的，二是對遺產價值的保護、尊重和提升。

具體行動標準

準則文件第二部分闡明了保育鄉村景觀遺產的行動標準，具體措施包括：理解、保護、可持續管理、交流傳播景觀及其遺產價值等四方面，下表主要擷取當中較值得關注的部分：

行動標準	值得關注的部分
理 解	• 需要記錄鄉村景觀遺產價值，形成關於鄉村景觀物理及文化特徵的基線知識，當中包括鄉村景觀的現狀、其歷史演變、體系內不同要素之間存在的歷史與當代的聯繫等，以此作為有效規劃、制定決策及管理的基礎。 • 須意識到當地居民是訊息持有者，在很多情況下能夠幫助塑造及維護景觀，需要他們參與集體知識創建。
保 護	• 要制定有效的政策，應先獲取景觀相關的地方知識，了解其強項、弱項、潛在的威脅和機遇，形成項目行動計劃，確立短、中、長期管理目標。 • 制定監測策略，才可以評估項目執行的有效性。
可持續管理	• 在持續管理鄉村景觀時，須考慮它與城市景觀的相互聯繫。準則文件將鄉村景觀定位為全球都市居民提升生活品質(休閒娛樂、食物的品質和　數量、木柴、水和潔淨的空氣、園藝種植等)的重要資源。 • 城市可以為鄉村景觀出產的產品提供經濟機會，並根據城市居民的需求融入其他休閒、教育、農業旅遊等多樣功能。
交流傳播	• 準則文件提出，對於促進傳統知識、技藝的傳承，須提升人們對這些方法及方式的認知，並且開展相關案例研究，以推廣最佳實踐。

行動標準當中值得關注部分 [7]

鄉郊保育的重要性

鄉郊保育這課題,在香港過去多以「自然保育」、「文物保育」,或較後期的「非物質文化遺產」呈現。而以「鄉郊景觀」作為一個整體去推動的「鄉郊保育」模式在社會上乃屬較新近的概念。因此,我們嘗試綜合《關於鄉村景觀遺產的準則》[8]、《保護世界文化和自然遺產公約》[9],以及《保護和促進文化表現形式多樣性公約》[10]來簡單歸納鄉郊保育三方向的重要性:

1. 自然生態

鄉村景觀是人類和環境發展史、生活方式及遺產的重要部分。很多鄉村對當地社區、原住民和參觀者來說都是重要的食物、可再生自然資源、相應的世界觀與福祉的來源。用於生產或收穫可食用資源的鄉村景觀，反映出人類與其他物種間的複雜關係。不論是農業、林業、畜牧業、漁業和水產業、野生動植物資源以及其他資源活動的多樣性，對於人類未來的適應力和復原力至關重要。

2. 文化多樣性

聯合國教科文組織《保護和促進文化表現形式多樣性公約》指出，政府特別是在「文化表現形式有可能遭到滅絕或受到嚴重損害時」，需要認識並採取保護文化多樣性的政策。在近數十年高速城市化的背景下，鄉郊保育正是保護最重要卻備受忽略的文化孕育和發源地。識別鄉村景觀的非物質特徵和價值，是重要的一步，透過記錄及分享，人們將這些相關知識體系和文化意義傳承後世，同時亦有助保護文化多樣性。

3. 社區經濟發展動力

鄉郊保育營造和保存了一個地方的內涵和文化多樣性，足以支撐文化產業發展。所謂文化產業，是以地區的文化內容作為創造中心，目的在於滿足人們的文化需求，是現今社會的新興產業。準則文件提到城市與鄉村景觀的關係，特別在城市可以為鄉村出產的產品提供經濟機會，這都成為鄉郊地區經濟發展的動力，有助吸引更多持份者參與，讓鄉村保持活力，城鄉亦能互惠。

小結

就「鄉郊保育」的課題，其實國際間的研究及討論都經歷了很長時間
的摸索，不斷有更新的理解，才得出近年能較清晰的論述、保育指
引，以及執行上的基本步驟，但這些都只屬方向性的概念以供參考。
在實際執行上，仍需要因時制宜，按不同情況有不同的方法。

本研究作為「鄉郊保育資助計劃」首輪研究項目之一，採用「鄉郊文
化景觀」的概念及框架，在梅子林項目中進行資料搜集，同時亦依據
有關指引，與村民及各持份者，共同進行「理解」、「展示」，以及
「評估」等保育工作。

具體而言，以上論及有關文化景觀的類別，可為我們理解梅子林的文
化提供一個資料搜集的框架，梅子林可說是「有機演變」的一類，雖
然它自1970年代起一度荒廢數十年，但近年村民陸續回去修葺建設，
加上政府「鄉郊保育資助計劃」資助不少計劃在此開展，梅子林正展
示出其經歷「開村、遷海令、復村、全盛期、荒廢、活化」等不同階
段，若能以不同形式去保存及展示其歷史進化的獨特物質證據，不失
為保育工作的呈現。同時，從這個角度來看，梅子林應屬於「有機地
演變的景觀」之下「連續的景觀」之類別。

註

1. "Rural Landscape as Heritage: Reasons for and Implications of Principles Concerning Rural Landscapes as Heritage ICOMOS–IFLA 2017"

2. 同上

3. The World Heritage Convention. *Cultural Landscapes*. https://whc.unesco.org/en/culturallandscape/

4. 王淳熙（2017）。〈國際視野下的文化景觀——再探淡水文化資產〉，《博物淡水》第八期。頁45。

5. Scazzosi, L. (2018). "Rural Landscape as Heritage: Reasons for and Implications of Principles Concerning Rural Landscapes as Heritage ICOMOS–IFLA 2017". *Build Heritage*, 2(3), 41.

6. Scazzosi, L. (2018). "Rural Landscape as Heritage: Reasons for and Implications of Principles Concerning Rural Landscapes as Heritage ICOMOS–IFLA 2017". *Build Heritage*, 2(3), 42.

7. ICOMOS (2017). *Principles Concerning Rural Landscapes as Heritage*. 4–7.

8. 同上

9. UNESCO (1972). The World Heritage Convention. Paris: UNESCO World Heritage Centre

10. UNESCO (2005). The Convention on the Protection and Promotion of the Diversity of Cultural Expressions. Geneve: UNESCO

一切鄉村皆是文化
以梅子林為例

梅子林位處半山，沒有交通工具可直接到達，過去不為世所
知，不排除祖先輩得此地利而避開遷界令之擾，英國人於
1898年租借新界前派出先頭部隊勘探，交出的《駱克報告》
同樣遺漏了梅子林，連往後民間提出的古道系統亦沒有它的份
兒。梅子林昔日是小隱隱於野般出世，從保育角度來看，正因
為那裡甚少受到干擾，保留下的古村才有更高的原真性。

上一章談及本港現行的保育政策放諸「鄉郊保育」時，未有整
合的視野去處理眾多元素共生互動的關係；前文則提出國際間
其實已有多年相關討論，並嘗試確認鄉村乃社群生活與自然互
動而孕育出來的環境，有作為一個整體文化遺產的價值。本部
分則進一步梳理我們對梅子林的資料搜集與文化記錄，以「鄉
郊文化景觀」作為框架來評估，拆解並闡釋梅子林作為客家古
村所蘊藏的獨特文化元素，並探討保育古村應有的兩大方向：
「遺產價值的維護與提升」及「景觀變化管理」。簡言之，本
部分亦可以說是探討梅子林文化價值所在的具體元素。

古道

老屋

評估背景：制度看漏了眼的古村

香港現行文物保育制度中，對於有歷史、考古及古生物價值的物體及建築賦予了不同地位。當中《古物及古蹟條例》訂明了公元1800年以前人為建立、開闢的地方、建築物等地方，又或是人為塑造、繪畫、雕刻等方式創造的可移動物體，不論之後是否經過修改、增補、修復，也被視為古蹟或古物。條例同時對法定古蹟予以保護，而法定古蹟亦是法例唯一保護的歷史建築類別。至於保育政策之中的「評級制度」，並沒有達法例保護的程度，只是行政上認同該建築具有一定文化價值，但若為私人歷史建築和有關文物，政府亦推出了「歷史建築維修資助計劃」，以公帑支持業主維修。

梅子林範圍內現時並沒有任何法定古蹟，不過以它擁有長達300多年、村民世代相傳的見證而呈現脈絡相對清晰的發展歷史，絕對有可能存在條例定義下可視為「古物」的構築物，這很可能包括：落擔祖先的茅屋遺址、接駁對外的古道、老屋古牆等，都很可能是公元1800前建成，本文稍後會再詳細描述。

另外，古物諮詢委員會把歷史建築分為三個等級，而等級僅供行政之用，並沒有對建築構成任何形式的保護或發展限制。梅子林現時亦沒有任何獲評級的歷史建築物，即使回顧政府早年審視的8,803座建築物名單，梅子林也沒有任何建築物在觀察名單之中。箇中原因是這裡的建築物價值不高，還是一如以往，只是記錄和研究工作至今未覆蓋梅子林呢？事實上，有關評級非常依賴研究佐證，沒有相關研究，就無法獲得證據去啟動評級。

然而，在梅子林的1,000米半徑範圍內（以上巷村屋為基準點），有一項三級歷史建築評級和一個具考古研究價值的地點。前者是位於荔枝窩的協天宮及鶴山寺。因為梅子林與荔枝窩同源之故，該建築與梅子林並非毫無淵源，十年一次的打醮節慶亦是聯合在荔枝窩廣場進行，而梅子林村民現時也經常到村內的曾氏宗祠進行拜祭。至於在荔枝窩有記錄的具考古研究價值地點，則曾經出土新石器時代的器物，不過相信這與現時梅子林曾氏族群的歷史關係不大。不過，梅子林村民曾提及祖先原來有意在「眾屋」（上巷中間位置）設立祠堂，卻因為施工時發現更久遠的古人骸骨，為表尊重而修改計劃，因此不排除梅子林位置有更遠古的歷史。

本書前部分已交代過梅子林的歷史及村內四時節令文化，並藉塌方下的舊物重塑梅子林昔日的生活面貌。本章主要集中村落佈局、建築與遺址，這些都是梅子林之所以是梅子林的重要的文化景觀元素。

梅子林周遭環境圖

吊燈籠

芬箕托

老虎石頭

過門山

攀背頂

蛤蟆

△ 梅子林

荔枝窩

小灘

圖片來源:Google Earth、思網絡團隊

村落佈局 梅子林位於吊燈籠北面山腰之上,背靠芬箕托,為周遭的山脈所包圍(上圖)。村落的選址貫徹了「無山不有客」的客家村落選址原則,利用山勢、溪流及其自然資源追求「天人合一」的聚居境界。

梯田

梅子林的主要建築大致沿山勢橫列而建，三面都有梯田，村的後方及左右兩邊都有風水林，呈背山面田的格局。因村落位處山中，平地有限，在山上開墾梯田便成為依山傍水而居、靠山食山、自給自足的必要條件。梅子林各層梯田也築有擋土石牆，用以保持水土平衡及土壤的穩定性。石塊取材於自然環境，不單減少建築廢料，降低土壤污染，更有助保持村落的原生態。梯田除了是村民日常營生作業的用地，更構成了階梯式的鄉郊景觀。後方風水林旁另有一塊已經平整好的土地作禾埕，同樣採用了石結構為地基，供村民曬穀及堆禾稈草之用。

村屋前的梯田

梯田的擋土石牆　　禾埕

上巷樓房（地段822-842）

下巷樓房

兩排村屋

梅子林的樓房依山而建，大致兩排的村屋坐落在高低兩層台階之上。台階之間有人手砌成、橫跨整條村的護土石牆，規模不小，手工整齊穩固，有助防止因大雨及洪水而引致水土流失，發揮保護泥土的作用。

上巷的屋地應該在立村初年，甚或更早已經開墾，地段822至842上有十多間房子緊密並排，主體朝東；另一邊為橫頭街，即地段818至821，則有一排四間房屋，大門朝東南。至於下巷樓房，則在20世紀初，由村民向港英政府購地後建成，共建有六間樓房。

橫頭街樓房
（地段818-821）

橫頭街樓房

下巷樓房

上巷樓房

梅子林村屋分佈

風水林

風水林，是嶺南農村地區特有的人文風景，也是社群與自然和諧共處的最佳見證。昔日人們觀看山川大勢選址建村，山前蓊鬱的樹林也是旺地的風水要素。風水林的種植既有風水上的考慮，也有防止水土流失的實際功用。

總括來說，梅子林共有三座風水林，村前左右各一座，另一座則位於村後。左右兩座風水林很可能非原生植物，村民指前人特意種植，伸延山脈環抱梅子林。風水學上形成「左青龍，右白虎」之勢，風水林樹的高度應為左高右低，可以稱為「獅象把門」。

至於村後的風水林，按其分佈特點，屬於「龍座林」，即坐落在山腳、山腰的村落或村落後山的風水林。它是村落後方的綠色屏障，風水學上以此藏風納氣，祈求財丁兩旺。生態上，龍座林有蓄水保土、改善鄉村微氣候的作用。這些樹林通常長有原生樹木及灌木，村民按其生活需要，會進一步栽種不同樹木。

風水學上又認為，古樹與鄉村的命運及發展有重大關係，不可隨便砍伐。正因如此，村民多年來積極保護風水林。村民指以前以雜草樹苗為燃料，他們一有空便會上山割草，山頭是光禿禿的，唯獨是風水林，村民連碰都不會碰，只可撿拾枯枝。如今林內仍然有市區少見的古樹，而且物種豐富，可見昔日農村可持續運用自然資源之生活哲學。不過，原來的梯田如今長出茂密的高樹成林，風水林便不再突出。

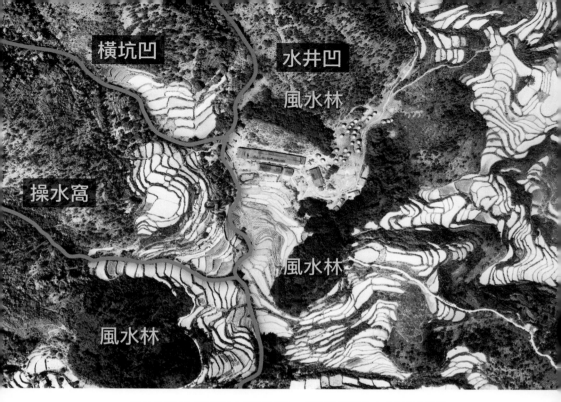

1963年的梅子林鳥瞰圖，可見到風水林及河流。

地圖版權屬香港特區政府，經地政總署准許複印，版權特許編號19/2022。

河流

梅子林昔日的溪流主要有四條，名為水井凹、橫坑凹、操水窩及深窩（位置不肯定）；現時仍可見村落南方確實有水流入村中。風水學看立村選址，主要有藏風、聚氣兩大元素，其中又以聚氣更為重要。《葬經》有言「風水之法，得水為上，藏風次之」，而水為氣之由來，客家村民也一向信奉「入山先觀水口」的說法，水也同時象徵財富，故水不論精神或實際上也是村落的重要元素。據現場考察發現，村內的溪流較上游平緩，有利村民昔日的生產活動，符合風水原則。村落不單靠近水源，更是處於方便用水的位置，而村民憶述昔日更曾興建「碑頭」（大概是小水池的意思），把水資源蓄起供灌溉使用。水流在客家村落中也會構成村落的水口，三條水流匯合流出的地方為水口，昔日兩側種有水榕樹，是緩解水口「沖煞」的水口林，有利藏風得水。

伯公置於荔枝樹下

村口的伯公

伯公與荔枝樹

伯公最常見設於溪流流經村子的水口位置，又或村尾的山腳之下，也一般設於大樹附近。福建省的《上杭縣志》便寫道「山區田段分散，農民常在每坑末段認一大樹、石壁或挖一地堂作社稷」，可見伯公一般在村落作為一個系統時其所處位置。梅子林的伯公，實地所見應不屬於水口位置，但的確屬村尾位置且有大樹保護。現時伯公正上方為一棵假蘋婆，其側有一棵年代久遠的荔枝樹，共同守護著伯公。據村民憶述祖先流傳之說，伯公側的荔枝樹在開村以前已經存在，因此相信所選位置有考慮到古樹的保護功能。

中午前鳥瞰梅子林上巷村屋的相片，可清楚看到朝東日照入屋的情境。

荔枝窩村東門上方有橫幅「紫氣東來」

村落座向

梅子林村屋兩巷整體坐西朝東，更是正東，屬兌宅，為「紫氣東來」之格局，在風水上有吉祥之意。村裡整體中最古老的老屋，則朝北，唯入口朝東，故若以大門入口計算仍為朝東。西漢時期《列仙傳》記載了老子李耳的生平，描述老子因不滿朝廷腐敗，辭官離開洛陽，打算經函谷關西去隱居，關令尹喜見有紫氣從東而來，知道有聖人過關，故挽留老子留下而著道德經，成語「紫氣東來」由此典故而起，引申祥瑞降臨，帶來吉祥的意思；昔日紫色多與當官有關，而有平步青雲、事業順利之意。梅子林村屋的座向也正有其意，而在荔枝窩的東門正有橫幅「紫氣東來」和對聯「東來紫氣，西接祥光」。雖梅子林無直接以牌匾、對聯列明，但座向完全一致的荔枝窩東門和兩者同源的文化背景可證梅子林也確有如此的座向考量。

坐西朝東的座向除了風水文化的解釋外，亦是地理上的考慮。太陽從東方升起，西方落下，坐西向東的村屋便可直面旭日東升。試過在村內靜待日出，見過太陽從村前方升起，一路往上爬升，然後在村後落下，就如看見時間的光暗色彩何等實在，也就是日出而作，日入而息的秩序。當然，日間陽光直接照射入屋，便採光充足；中午過後室內的氣溫也會相對清涼。而直面旭日東升，陽光入屋，村屋便吸納紫氣，在風水學上是納氣之意，聚財納福，為大吉之格局。

建築文化

1973年的梅子林

圖片來源：梅子林村民提供

梅子林現存建築的確實興建年份已不可考究，但推測大部分仍屬19世紀末至20世紀初所重建或改建的戰前建築，其中大概可分為傳統中式客家建築和中西合璧建築兩大類，前者亦有大宅及二字屋之分。其中上巷右側第一間及下巷中間兩間為僑鄉常見建築形態，其他則一律是傳統客家建築。

類別一：傳統客家建築

老屋

根據村民的說法，位於上巷最左的老屋（地段842）應該是村內現存最古老的建築，雖如其他同為客家建築，但建築形態比較特別，故這裡分開描述。

文物特徵元素

老屋主體朝北，使用夯土和青磚建成，是典型的「三間兩廊」客家民居。在主屋旁設有朝東的門廊供進入大宅之用，門廊開口與大宅正門方位錯開，符合風水學的原則。

原來的外牆並沒有現時的開口，外牆向主要道路再設門廊進入大宅，設計如包裹著大宅，應有增強防禦性的考慮，與早期客家移民重視建築防禦性的文化特性相吻合。建築佈局簡約，卻非完全對稱，在客家大宅中甚為罕見。有村民指，隨著家族的兄弟成家立室，便會透過加開門口或間隔牆等方式湊合成一家一戶的房屋，故此有相當可能是大宅的間隔一度作出改動。老屋中央為正廳，正廳與大門間設有天井，供採光和空氣對流之用。每當下雨時，雨水便會從四邊斜面流向天井位，俗稱為「四水歸堂」。

老屋的東立面及門廊，照片為1970年代拍攝。

老屋於2021年的狀況

圖片來源：梅子林村民提供

夯土牆

老屋是村內少數保留到較大規模的夯土立面與牆。所謂夯土，是一種傳統建築材料，在世界各地的鄉郊地區建築尤為常見，而在中國則早於戰國時期技術已經十分成熟。夯土技術主要指把黏土、砂、石灰等混合成三合土，再進行壓縮，把泥土中空隙去除，令材料變得結實。夯土一般採用在地的傳統物料和天然資源建造，因而其建造方式往往在不同地區也有差異，故可以反映建築物周遭的地理和文化特徵。

據村民所述，梅子林製作夯土的黃泥也都在後山發掘，屬名副其實就地取材、因地制宜的鄉土建築；日有叔更指，除了三合土以外，更加入糯米水，增加其黏合效果，是故屋牆可以屹立多年。翻查資料，自漢代出現青磚以來，工匠便將糯米、熟石灰以及石灰岩混合成漿糊，填補磚石空隙，是為超強度的糯米砂漿。

糯米當中有一種名為支鏈澱粉的成分，摻入石灰砂漿可提高強度，還能增加韌性和防滲功能。昔日因沒有電動機器協助，夯土製作依賴人力持續擠壓，所以村民又稱它為「舂牆」。雖然夯土建築成本較低，卻需要龐大的勞動力投入，耗時相當長。

老屋的夯土牆

老屋東立面硬山頂上的竹花紋裝飾

老屋立面上疑似漏窗的安裝位置

老屋塌下的屋脊

硬山頂

以青瓦板瓦和筒瓦交疊鋪砌而成，正脊為平直正脊。向道路一側山牆有竹花紋的灰塑裝飾，為花中四君子（梅、蘭、菊、竹）與歲寒三友（松、竹、梅）之一員，象徵生命力強和高雅的氣節。竹常與鵪鶉一同成為古建築的吉祥圖案，意為竹報平安。

船脊

門廊同樣以青瓦板瓦和筒瓦交疊鋪砌而成，但正脊則是有灰塑裝飾的翹角脊。翹角脊配有一定弧度，形體與珠江三角洲祠堂建築常用的船脊相似，參照舊照後相信為門廊的正脊。部分配件呈珠紅色，實際圖案因風化而難以考究，但其紋樣推測是較為常見的卷草紋。船脊起初因珠江三角洲地區依賴船隻為謀生工具所興起，兩端脊尾高翹與龍舟相似也被稱為龍船脊；又因龍在昔日為皇家象徵及專用，故龍船脊只取其吉祥寓意。

漏窗

兩側立面有疑似漏窗的安裝位置，與團隊撿獲的漏窗配件大小大致吻合。

上巷村屋的立面　橫頭街的村屋

類別二：二字屋

上巷一列中式客家建築，除了老屋（地段842）及中西合璧式建築（地段826）外，其餘村屋的佈局及面積大致相同。緊貼老屋的三間村屋稍大，以配合老屋和門廊的位置。由於建築構件在樓房倒塌後大多已經不存在，而且上方泥頭仍未清理，暫時只能憑照片判斷與相鄰建築外觀及佈局相似。

位於上巷正中央的中式客家建築被稱為「眾屋」（地段832），是由梅子林村民共同使用的房子，主要用來處理村內事務等。日有叔指，開村之時，眾屋所在地原擬建宗祠，唯因村民在興建前發現有骸骨，疑屬於更早以前的定居者，為表尊重先民，故將宗祠改為眾屋用途。宗祠作為村落內部核心，一般都位於村落中軸線之上，建築也往往較其他村屋稍高。雖然眾屋沒有比兩側的樓房更高，但其所處位置仍反映當初建村時對「共同擁有」概念的考量和尊重。

上巷客家屋

立面背後，塌剩的矮牆讓樓房的空間依稀可辨。

1963年航空照片，可見上巷中間每間屋都有前後兩個屋簷。

文物特徵元素

這列民居主體朝東，使用夯土和青磚建成。從1963年的航空照片可見，上巷中間的房屋由前後兩個部分組成，從高空看來，兩個屋簷彷彿相連，實則不然。村民日有叔指他們稱這些屋為「二字屋」，一進正門左右兩側分別是煮食和洗澡的地方，再往內走才是正廳和居住的空間。

由於兩個屋簷有高低差距，陽光可以穿過前面較矮的屋簷，直照進正廳。雖然每間房屋的面積不大，設計上卻能透過緊湊的佈局，形成類似天井透光通風的效果，亦達到了「四水歸堂」意涵。

正廳和居住的空間

據村民雄哥憶述,父親曾經
為所擁有的兩間屋子(地
段833及地段834)進行改
建,在正廳牆板引入大型窗
口位,讓樓房有較佳的採光
及通風。

圖片來源:梅子林村民提供

部分樓房仍留下廚房灶頭及洗手間設備(圓圈者),
中空的牆板(方格者),特意設計有通風的作用。

齒紋裝飾

上巷民居大門左右兩側的柱頭部分均有出現齒紋裝飾，為嶺南建築中偶有出現的輔助紋樣。

門框裝飾

大門門框兩邊有對稱的花紋圖案，應為「寶相花」。寶相花源於佛教文化，是在自然界中花朵及葉片形狀的基礎上，經過藝術加工而成的紋樣，歷代演變後，成為傳統吉祥紋樣，象徵子孫世代綿長及繁衍。寶相花多以正面及華麗繁雜的線條來呈現，但此圖案配合門框，簡約而恰當。圖案中有一小孔，村民可用以上香。

呈魚形的香座

門框兩側有呈魚形的香座。魚因為與「餘」同音而有「有餘」、「富裕」之意，不同魚紋另有額外的含意。香座的紋飾與一般鯉魚形象相似，而因鯉躍龍門的傳說，鯉魚也有祝頌高昇與防火的象徵。唯上巷民居的香座多已退色，且殘缺不全，故確實所屬的魚類也有待考究。

類別三：中西合璧建築

早於20世紀初，梅子林已有村民赴海外謀生。經濟充裕者，便寄錢回鄉重建祖屋，是僑民光宗耀祖的象徵。他們參考外地所見的建築物，將設計藍圖、繪畫或照片帶回鄉，由本地工匠模仿興建，再融入傳統的建築空間，這也是村內中西合璧建築的由來。

下巷屋 下巷樓房包括兩所中西合璧式建築及四所傳統中式客家建築。最右面兩家中式民居經歷颱風後，經已倒塌；其中一間在2022年完成重建，另一間則重新鋪設地台，成為戶外共用廚房空間。至於另外四間保留下來的民居，其外牆及室內佈局與上巷的同類建築大致相同，唯一較大差異在於下排中西合璧式建築的立面簷牆並非中央山頭型簷牆，而是矮牆。

下巷樓房相對上巷較完整

上巷牛屋

位於地段822的樓房，是上巷北面首間村屋，因其牆身近年繪上黃牛壁畫，各人為方便示意，由是稱之為「牛屋」。

文物特徵元素

它是上巷樓房當中，唯一中西合璧的建築，是嶺南地區僑鄉中十分常見的建築模式，又稱「洋樓」，樓高兩層。建築以「外西內中」形式興建，即以西方的建築風格作為外觀，房子內部仍然以中國傳統的民居建築格調為主。

上巷樓房中，唯一中西合璧的牛屋。

簷牆

建築上層部分建有簷牆，可以說是西式建築主要象徵所在。依造型而言，它屬於中央山頭型簷牆，當中包括山頭、望柱及矮牆。所謂山頭，是建築正面屋頂的等腰三角形或半圓形的牆。山頭圍邊帶有僑鄉常見的靛藍色。中央有五角星紋樣的裝飾。山頭兩側有望柱。其餘裝飾紋樣以中軸線為基準，左右對稱。

矮牆部分山頭正下方用上了紙皮石，兩旁以四葉草為裝飾。四葉草，屬車軸草族植物，是三葉草中稀有的變種，萬中無一，故象徵幸運。四葉草兩側牆身同樣有紅色和靛藍色顏料的痕跡。

紙皮石牆飾

一樓牆身以不同樣式的紙皮石裝潢，窗花採用香港常見的軍綠色，窗戶之間採用畫磚方式模仿紅磚建築。

基座坑紋

大門立面同樣用上紙皮石鋪砌，旁邊則以模具印出坑紋，模仿西式大理石建築基座的紋樣。

大門面向

大門微微向內藏，與整體樓房立面並非完全平衡，有說是基於風水考慮。

石製大門底座

牛屋內部可見建築貫徹傳統客家建築的主要原則及中式建築的裝飾手法。大門採用容易運作的木門，底座用上石材料，防止水氣接觸木門，減慢大門磨損速度，是客家民居常見做法。

門窗的防禦性設計

大門除了基本上鎖用途的橫閂外，門框也預留供安裝直門閂之用的開口，以便安裝鐵欄柵，盡顯客家族群著重民居防禦性的特質。民居在預留直門閂開口同時，在設計上亦不忘風水，頂部開口為圓形，底部開口為方形，反映道家和風水學說中「天圓地方」的宇宙觀。

牛屋旁邊有一個已封的側門背後，仍能清楚看到「天圓地方」的部件。

頂部門閂開口為圓形　　底部門閂開口為方形

大門位置概觀，左側為安裝了鐵欄柵的窗戶。

牛屋室內概觀，樓梯底部
為石級。

石級

牛屋內部樓梯以木材為主，而
第一級則用上石級，其原理與
木門石基一致，同樣是為了防
滑及減慢磨損程度。

與此同時，石級上畫有坑紋，
一是為了實務上的防滑，二是
同時有稍微的裝飾效果，是為
客家建築典型裝飾與實用並重
原則的常例。

刻有防滑紋樣的石樓梯級

牛屋正廳概觀

牛屋儲物室概觀

牛屋灶房概觀

綜觀民房的內部空間（上圖），幾乎沒有任何內部裝飾，與客家建築主繁次簡、樸實無華，不在對內空間花費非必要金錢的風格完全吻合，可見牛屋是名副其實的「外西內中」設計。

祖先茅屋遺址

落擔祖先茅屋遺址

據村民所說，祖先曾起有在梅子林落腳之時，曾建有一茅屋。遺址位處於樹林內，300多年後的今天，不見有任何建築痕跡，只是古道旁、山坡邊明顯有一處開墾過的小平地。

鄉村私塾

村民指，老屋後方的小山丘，約在地段848的位置，有一個昔日「卜卜齋」的私塾遺址。由於建築已倒塌，歷史記錄從缺，加上該處草木叢生，實際的建築佈局及外觀未能考究，只是其門檻大石仍在。自1802年（即清嘉慶七年）清廷增設客籍學額文武各兩名後，客家人便有了中舉的機會。客家人普遍從事農耕，生活困苦，但他們崇文重教，該遺址正是梅子林耕讀傳家的傳統精神的重要物證。

工場遺址可見爐灶

水缸

私酒釀造工場遺址

由於售賣酒品受規管，以前的梅子林有村民在隱蔽的地方釀酒。村內如今就保留不止一處昔日釀造私酒的遺址。其中一處位於村後北方樹林內，鄰近一條村民較少使用的河溪，今天仍然可見到水缸及爐灶等設備。

以上羅列的各文化景觀元素，很可能只是我們以有限知識、在有限研究時期內的記錄，這肯定不是梅子林古村的全部。我們期望藉此拋磚引玉，展現古村的文化層次，讓讀者同樣感受「鄉郊文化景觀」概念所指一切皆是文化的意思。我們亦相信今後若能繼續觀察研究及記錄，應該會有更多發現。

第五章

總結

鄉郊文化景觀，是昔日源自生活秩序的環保系統

經歷約兩年循各途徑的資料搜集、在村內觀察記錄、與村民交流，也觀摩他人以後，究竟我們經驗了甚麼？可以歸納到甚麼？又回應到甚麼課題呢？

「鄉郊保育」是香港經歷了逾180年城市全速發展至今，連串社會背景及政策條件下催生出來的新課題，也可說是一場大部分參與者都是城市人而走進時空凝固了半世紀的鄉郊環境，探討「保育與復育」新模式之可能的運動。誠言，我們也屬於環境保護署轄下鄉郊保育資助計劃的一個獲資助項目，也是在這場運動中因推廣「鄉郊保育」之名而走進偏遠鄉村的一員。在人人摸著石頭過河各自發揮的情況下，我們選擇以甚麼切入點去嘗試，最終又為自己、為社會帶來了甚麼？在本書到了最後一章，便來作一次自我詰問。

經驗了甚麼

「香港真係好靚」，表面來說，應該是過去兩三年間，不少人因著疫情被迫留港旅遊以後的發現，這其實亦是我們四年前，初到梅子林貴境的驚嘆。

人世間美的標準從何而來呢？我們相信大自然的奧秘。在大自然的季節轉換間，讓人看見難以複製的豐富色彩與天地呼應變化。在萬物相生相克的機制下，景觀有對稱，比例有大小，有前後景，有能夠共存之所謂的和諧，原始的美感亦往往出於功能需要。細看一處鄉郊文化景觀20至30回，美漸漸可以化成能夠解構的符號。山嶺環繞是鄉村的天然屏障，功能如護城牆，那就焉有樓房高過屏障之理，所以山脊線是建屋的參考線；村屋高度表現了族群作為整體的團結意識。今天城市設計有指引，在鄉郊原來也讓人找到美學的根源。

村民習以為常的事物、能力和概念，雖然未必人人一時三刻可以用語言清楚闡釋，但要是能與不同村民或相同的事物一遇再遇，往往就有不同演繹。雖然是瞎子摸象，但時候到了，就會明白他們昔日口耳相傳之說，原來蘊含了中醫藥或自然科學等原理，是一種前人實驗良久而持之有效的生活秩序，陳腔濫調地說就是「傳統智慧」。

其實城市人之所以聽不明又說不明，並非因為昔日的生活秩序落後不科學，反而行之有效本身就是科學；古人的學習來自實踐，而非說明書。現代人的所謂說明，有時都會言過其實、文不符實，甚至充斥了「語言偽術」。不少天文學家都坦白的說過類似Science doesn't know everything（科學並非全知）的話。當人面對所知與不知，又會以何種手法應對？

傳統鄉郊生活，讓人看到前人源自生活秩序與資源循環不息的運作系統。

例子一：人生活有利生物多樣性

村民形容以前有人居住的鄉村，河魚會更多，各樣生物也豐富些。舉例說，村民會在河邊洗菜或清洗雞鵝等肉類及其內臟等食材，如此會增加水中的有機物，溪流內因而有更多魚蟹，當然村民又會捕捉魚蟹來加餸。曾經住過百人的地方，生物仍是生生不息，食之不竭。植物亦如是，昔日他們對可食用的野生花果適時採摘，村民說這樣有助刺激它們生長。相反，沒有人留村打理，植物汰弱留強，久而久之，生態多樣性反而減少。

村民又有一些如用幾口鐵釘刺激老樹回春的古法，對於哪些樹木應該斬、哪些應該留，他們自有一套概念，特別是留下那些木質不夠堅硬卻越長越高的樹木，在風雨季節就未必是好事，修整就是對環境和村民安全的維護。然而在城市人眼中，時有一種保護他者和弱者的使命，在郊野斬樹就是不該。村民對待生態似乎有種遇強越強的自然界求存哲學。

例子二：大樹地標好遮蔭

鄉村中總有好一些地位高一等的百年老樹，備受崇敬，它們在炎夏的村中，為人為大地提供庇蔭，大樹之下溫度大大下降，亦因而成為村民的聚腳點，也就自然形成了地方感（Sense of place）。城市特色的建築是地標，鄉村中的老樹和突出的地形也是地標，這從本書第一章錄下的梅子林地名圖覽可見一斑。

例子三：生活空間的設計

梅子林至今完整可用的村屋非常有限，但我們仍有機會嘗試重演端午節包糭，以及農曆年前蒸圓籠年糕這兩個習俗，我們從中體會到：

1. 鄉村內的草木皆有其用途，有著材料俯拾即是的生活循環；

2. 上巷屋前面平台的公共空間，是室內活動空間的伸延，一排村屋不是各自獨立的單幢屋，而是相連的房間。鄉村少了私隱，但不愁寂寞；

3. 昔日農家用灶頭煮食，燒柴生煙，村屋用料及門窗配置均有相應關係。村民指，昔日的廚房通常設於天井下、大門旁邊，燃柴時既通風，村屋瓦頂亦可透氣。活動當日，我們借用的村屋為中西合璧式的樓房，廚房設在北面一翼。雖然有煙囪，但開灶後，就發現室內通風欠佳。其後翻查舊照片，加上在廚房的牆角下發現「天圓地方」的舊門檻痕跡，相信廚房原來設有門口通風，可能在後期改建時被封上，影響了原有功能。

如果明白科學正是不斷驗證而持之有效的做事方法，農村傳承200至300年的生活秩序，雖然沒有文字記錄，但絕對值得設法解讀。當然，昔日人們資源貧乏，化學消費品較少，也沒有太多資源製造垃圾，廢物都得以重用。如果不先去好好了解這個鄉村生活系統，單單將城市人帶回鄉村，根本不足以重新啟動昔日的鄉村生活系統，遑論隨之而來的生物多樣性或零廢生活。

保育二字，有人以為是懷舊，又或是甚麼都不准做，但其實保育更需要認識前人如何創造，明白箇中原理，如何發現和發明，又藉此建立了怎樣的生活秩序和邏輯。簡言之，保育可以說是設法去減低人們能力的退化。

肯定鄉村的文化價值

本研究的初心是以理解「鄉郊文化」為切入點。在重塑的過程中，再次認識自然環境、物理反應與人生活的關係，亦因此更加肯定自然生態、文物建築（或建設）與非物質文化遺產三者有扣連的關係，體會到經歷過昔日農耕生活的村民，人人身懷技能，以當今世代來說可堪稱絕技，這正是前一章提及國際保育界所提出「鄉村一切皆是文化遺產」的概念，人在其中與自然互動所得的成果皆可貴。讓村民及其傳統繼續一併保留在鄉村，是最理想的保育方向，因為他們是昔日鄉村生活秩序系統的創造者、守護者或見證人。當然，要以「一併延續人和傳統」為保育方向，又有著「如何達至」的現實困難問題。

有鑑於現時保育政策上有關「自然生態」、「文物建築」及「非物質文化遺產」三者各自獨立處理，本研究嘗試先提出三者層層遞進而衍生的因果關係分析，並將各因素具體羅列及說明，從而為復育鄉郊文化提供一個清晰論述，有助日後社會共同重建有關因素，這樣才真正有利鄉郊文化的可持續發展，避免因著保育任何一項之名，造成其餘兩項的破壞。

國際有關「自然＋文化」的思考糾結

上述的困難並非香港獨有，近十年國際社會其實同樣在「自然」及「文化」兩者互為因果的保育討論上非常糾結。

對於如何更好地保育同時擁有「自然」及「文化」價值的地景，國際自然保護聯盟世界自然保護大會曾經以「Biocultural Diversity」（生物文化多樣性）去表達這個概念，但應該有感這個詞語仍未足以表達「自然」及「文化」兩者密不可分的關係，以及自然界中的多樣性，於是學術界在2003年提出「Naturecultures」這個新詞彙。該概念在保育界的認受性日漸增強，至2016年國際古蹟遺址理事會和國際自然保護聯盟首次提出了「CultureNature」或「Nature-Culture」這個專有名詞，強調兩者共融的保育方針及措施。Culture-Nature中譯是「文化自然融合」或「自然文化融合」，但華夏文字一字一義，翻譯所能呈現的語境其實分別不大。

該會議其後每年繼續舉行，數年來也進一步深入討論為何及如何加強「自然」及「文化」兩者的共同保育方向，亦以一些案例研究來歸納經驗，結論既包括專家承認各自的專業視野有其盲點和不足，同時又提出兩者分割所出現的問題。若簡化地理解，就是當兩者割裂處理時，難免會抽離地將「自然價值」或「文化價值」視為凝固於某個狀態的單項，失去了因兩者互動而來的生命力，也失去了互動下承傳而出現狀態變化的合理性。

以記錄某村某家庭「做茶粿」的方法為例，若將該種方法視為一項「非物質文化遺產」範例，其實只是記錄了屬於某時某地「靜止」（Static）狀態下的一種可能。一旦脫離了環境與知識擁有者的互動，也就失去了繁雜多變的可能與價值，因此保育「自然文化」價值，貴乎鼓勵或協助這些擁有傳統知識族群，在所屬的文化景觀中維持其原有生活秩序，讓他們繼續發揮所承傳下來的「自然文化」遺產。

歸納到甚麼

基於以上提及國際保育界較抽象的討論，回到梅子林經驗，我們從該村的歷史、四時記錄、文物故事、建設特色及文化景觀等資料，並按建村時序、立村地點考慮因素、其後發展模式，以及研究期間嘗試重演昔日習俗過程中遇到的困難作反證等維度，可大致歸納出「自然佈局」、「聚落及建設」、「營生作業」、「生活器物」、「文化習俗／社群關係」等「文化自然」元素，亦可稱物質與非物質文化元素，而該族群承傳下來的「信念／信仰／生活際遇與期盼」則無處不在的影響著各項物質與非物質文化元素的呈現。這六個分類就構成了梅子林作為一條典型客家村的文化景觀系統。這之所以是系統，乃因為各元素互為影響，也是以上有關「文化自然」概念的討論。

此系統是在鄉郊文化景觀這個抽象概念上，以今天保留原貌程度相當高的梅子林為案例，從中歸納出具體可見的系統構成元素及分類，並嘗試闡釋各分類之間的關係。越能具體描述不同元素，系統的應用性可望更高。這六個分類之中，「自然佈局」、「聚落及建設」及「營生作業」三類屬結構性景觀，是最基礎及必不可少的文化土壤；「生活器物」，是該村存留的文物，與其他同時代的鄉村，常有共通之處，但亦因應村民的經歷和往事不同，留下來的器物及所盛載的故事亦不同；至於「文化習俗／社群關係」是需要有特定的環境及條件（結構性景觀元素）才能產生；「生活器物」輔助昔日人們的生活，今天則是文化的印證，成了文物。「信念／信仰／生活際遇與期盼」則在精神上催生「文化習俗／社群關係」，也寄託於生活或設計選擇上，見諸各物質文化元素。

我們嘗試將這些分類整合，並以「鄉郊文化元素金字塔」呈現
（下圖），以展示各分類元素的關係。它有如馬斯洛人類需求
五層次理論，指人的需要是從外部的滿足，逐漸進化至內在滿
足的追求，而鄉村系統的形成及營造亦需要先有結構性環境條
件作為基礎，人們在其中逐漸衍生累積，文化是鄉村系統持之
有效地運作的最終呈現，這亦嘗試解釋抽空的非物質文化遺產
單獨地存在，往往會失卻了大部分的文化經驗。就如端午包糭
和農曆年蒸圓籠年糕這兩個習俗，如果不是在特定的鄉村環境
製作，有屋有灶，且取材自村內的植物，包糭與蒸年糕這些文
化習俗無異於城市的商業消費品，那就失去了文化應有的生命
力和多元文化經驗，亦因為這份生命力，才讓人對這種食物成
品的形式和成分，多了一點包容。

鄉 郊 文 化 元 素 金 字 塔

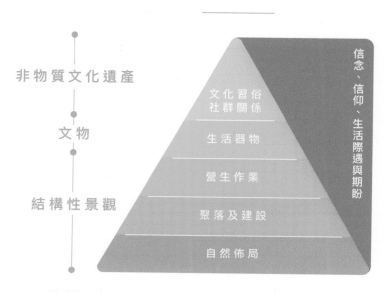

從「梅子林模式」歸納出鄉郊文化景觀概念下的「客家村系統」
（Hakka Village System），各主要的文化景觀元素，有層層遞進衍生
的關係。（出處：思網絡團隊提供）

鄉郊文化元素記錄框架

為進一步說明鄉郊文化元素金字塔，我們嘗試再列出六個分類的具體內涵(見後頁)，其中「自然佈局」類，可以再細分為「山勢地形」、「水源及水利」及村範圍的「植被」；至於「聚落及建設」，是泛指所有人為建成的構築物，由最顯而易見的容身之所（即村屋），到追求精神生活的私塾、廟宇，以至接駁對外地區的步道均是。至於有關鄉村的「營生作業」，會因應有關族群祖先的背景及工作選擇而不同，梅子林以農耕為主，但放諸其他地方則會作相應修改，可以是曬鹽、捕魚或採礦等。

至於「文化習俗／社群關係」，以及「信念／信仰／生活際遇與期盼」，都屬於非物質文化，也可以說是兩個層次的非物質文化。前者是已經昇華至具有特定形式、有名堂及可描畫記錄的「非物質文化遺產」；後者則是族群中口耳相傳的概念和經驗，例如梅子林村民強調祖先重視孩子要讀書識字，有所謂客家人的「耕讀文化」。那麼，儘管梅子林規模較小，在小瀛學校（位於鄰村荔枝窩）出現之前也建立了自己的私塾；又如我們在塌方的屋內發現到兩個不同年代的熨斗，遂問屋主為甚麼農村要熨衣服呢？原來這家村民早在上世紀中，有從廣州嫁過來的女子，熨斗是城市帶來的嫁妝，是生活際遇所使然，而城市人嫁來農村，婦女間也出現過文化差異的小插曲。

亦正因為華夏文字，一字一義；遠古的金文、甲骨文及大小篆書體，則更是以象形及會意造字。文字正是原始社會人們理解周遭事物的記錄。每個字本身已經是一個符號，代表一些概念，為世人提供了最原始的資訊圖表（Infographic）。有鑑於此，我們也為以上每個出現的元素，配以相應的小篆體關鍵字，以作為有關元素的象徵符號，讓讀者進一步會意。

「客家村文化景觀系統」中六個分類八大元素

就看旁邊圖表的「山」字和「水」字的小篆體，山形和水流，一目瞭然，將藏風納氣的地形和水利原則圖像化。看文化的「化」字，是兩個人背對而立，和而不同，互動中影響著對方，從而帶來變化，雙方共存就是一場造化。至於信念的「信」字，是「人」和「言」兩個字組合而成的會意字，指人口所說的話；根據《說文解字》：「信，誠也」，有誠才有信，能歷代承傳，應該要是信得過的事物和價值。

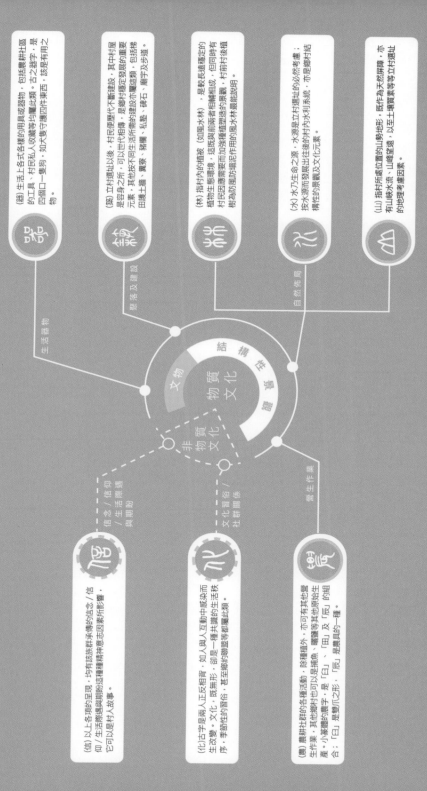

有何當下意義

香港的新自然保育政策及新文物保育政策分別在2004年及2007年推出，兩者都是針對過去無法處理的私人持有高保育價值地點或建築而出現。新保育政策之中最直接的措施，就是以經濟誘因或資助方式，協助和鼓勵業主進行保育，旨在達至「遺產價值的維護與提升」（即加強生態價值／保護、保存及活化文物建築）及「景觀變化管理」（即免破壞及清拆）。

對於維護及提升遺產(Heritage)的價值及管理景觀變化的意義，應該可以這樣說，是現代人期望自己不會較前人退化，失去昔日的自然資源，以及前人處世的知識和智慧。現代人雖然生活在高科技的年代，但高科技只屬於身處這個年代的硬件，卻不是大多數個人所具備的能力。亦因如此，如果我們沒有知悉、看見，甚至確認前人擁有具價值的知識和智慧，保育其實只是徒具形式而已。

舉例來說，我們研究隊團同期亦進行有關本港供水系統發展脈絡的資料搜集，須知道古羅馬的供水系統發展逾2000年，堪稱世上偉大建築之中的奇葩。雖然香港的供水系統只發展了170多年，但在19世紀初至20世紀中所興建的水塘及濾水廠，其工程技術亦多次登上當時世界之最。又原來如大潭和萬宜等水塘，選址其實都在多條客家村的位置，這正是客家村深諳藏風納氣之道的原故，納氣就是集水。工程師設計有儀器，有人力物力支援，但幾百年前客家人靠的只是承傳的經驗。由於香港已經超過半世紀沒有興建水塘及相關的集水設施，特別是引水道系統背後的水文學（Hydrology）如今已差不多成了都市傳說。這些說來，更可能是大家不知自己不知。

結語

是次研究，我們從梅子林經驗到一處鄉郊文化景觀如何予人「文化自然融合」而來的價值；也從這案例中，觀察到以資助作為保育措施，將具體的保育工作交予非牟利機構各自發揮的難處，特別是在偏遠地方，天大地大，支援有限。不同團體雖有其專長，但也有不足，這是聯合國專家都承認的普遍問題，希望牽涉者無須介懷，不足之處有你有我。再者，現時的「自然」與「文物」兩政策明顯分立，資助措施只能二選其一，資源未能整合使用，成效標準有時亦會因為缺乏「文化自然融合」這個互動因素的考慮，可能出現相去甚遠的評估，也可能因為掛一漏萬，破壞了這刻所不知的價值。

就如近年不少大企業都以大規模的植樹作為減碳措施，甚至與市場推廣一併推動，這是面對全球暖化，以及《巴黎協定》共同減少排放溫室氣體的承諾下，市場的調節與回應。然而，越來越多的研究提出，因為大規模兼高效率的植樹方案，在執行時因為成本和方便的考慮，很多時會以較低價去種植大量相同品種而生長快速的樹木，甚至是非原生品種的樹，選錯樹種的結果，可以是損害當地的生物多樣性，適得其反。

新自然保育政策中聚焦的71幅私人土地,它們之所以保留
到高生態價值,與其位處偏遠而得以避開發展不無關係。
同樣的原因其實亦令相關村落的文物資源(建築或文物)得
以凝固在舊時代,特別是香港開埠只有短短不足200年,
鄉郊村落的歷史卻往往多以300年為起點,他們的文化
價值其實難以被否定,只是現行文物保育工作永遠趕不
上時代的洪流,不到生死關頭也難以補缺。較理想的做
法當然是在任何地點起動前,先擬定「保育管理計劃」
(Conservation Management Plan),收集基線資料,並審慎
思考所有行動對「文化自然融合」資源的影響。

那麼,是否又回到「甚麼都不做不試」的保育原罪論?在
推崇創新與資訊科技的時代,「快速失敗」(Fail fast)才夠
現代,但速錯理論的精神,是先有清晰目標與成敗指標的
檢討機制,吸納經驗,精益求精,才可以從錯誤中學習和
改進,否則「成功之母」就白白犧牲。

在未來大鵬灣印洲塘生態旅遊圈的規劃藍圖下,沙頭角慶
春約梅子林及其他同區的古村,它們有豐富潛在、卻未被
發現和發揮的文化資源。我們上文提出的鄉郊文化元素金
字塔是其中一個檢視保育及復育鄉郊自然文化的框架,往
後的事有太多可能,這一刻大概都沒有答案。

最後,我們在成書的過程中,收集及處理了相當豐富的文
化訊息,雖已經作出篩選,也嘗試從多處參考資料作覆
核,但相信仍然有更多我們未能處理的訊息及文化密碼,
也不排除讀者對本書所談的事物有不同的理解,甚至是我
們理解錯誤。我們在此都虛心求教,歡迎村民及讀者指
正,共同充實本地鄉郊文化這個寶庫。

鳴謝

資料提供及在場支援
曾玉安　曾偉清
曾日有　曾傑雄
曾國強　曾家強
曾桂英　慶芬嫂
皇友嫂　黃笑華
曾佩玲　鄧仁兵

項目期間活動協力
梅子林之友

器物撿拾指導
張兆和教授

器物修繕導師
徐展鴻

插圖及展覽支援
香港知專設計學院傳意設計學系

項目義工
（器物撿拾、修繕及活動相片提供）

龔從寬　羅寶恩　盧惠玲　王道梅
李潔璋　陳明柱　林志成　黃智敏
伍麗珍　柴衍雯　楊燕玲　歐陽嘉慧
周穎琳　張凱欣　林潔儀　簡詠詩
張顥頤　張潔儀　李曉斌　黃麗明
江欣儀　羅雅寧　陳芷琳　黎明川
吳道喜　Fanny Sze　Kosmo Yan
伍健朗　李惠娟　徐愷彤　陳俊熙
徐展鴻　馬思涵　林美文　黃玉珍
蕭智欣　曾錦源　成曉宜　陳桂玲

項目監督
蘇婉芬
麥欣欣

研究助理及項目實習生
任明顯
蕭竣
麥雅詠
雲曉瑩
蘇智健
黃祖暉
卓東緯
梁庭彰

梅子林故事——鄉郊文化保育考見記

責任編輯： 羅文懿

書籍設計： 馮菁萍、白海寧、周頴欣、郭海渝

攝影： 翁志偉、梁智輝

插畫： 蘇妙素、張家寶、賴曉盈、郭文禧
何玉菁（顧問）

書名： 梅子林故事——鄉郊文化保育考見記

著者： 鄭敏華、周頴欣、任明顥

出版： 三聯書店（香港）有限公司
香港北角英皇道499號北角工業大廈20樓

香港發行： 香港聯合書刊物流有限公司
香港新界荃灣德士古道220–248號16樓

印刷： 寶華數碼印刷有限公司
香港柴灣吉勝街45號4樓A室

版次： 2022年10月香港第一版第一次印刷

規格： 16開（160mm x 220mm）272面

國際書號： ISBN 978–962–04–5090–7

三聯書店
http://jointpublishing.com

JPBooks.Plus
http://jpbooks.plus